KB193352

신방수 세무사의

부동산
감정평가
세무
가이드북

감정평가
대충 받으면
되레 손해 본다!

신방수 세무사의

부동산 감정평가 세무 가이드북

신방수 지음

두드림미디어

부동산 세금의 크기를 결정하는 요소 중 하나를 꼽으라면 보통 세율을 말하는 경우가 많다. 세율의 높고 낮음에 따라 세금의 크기가 달라지기 때문이다. 그런데 그에 못지않게 중요한 것이 바로 부동산 가격을 시가로 평가해서 과세하는지의 여부다. 시가로 과세되면 아무래도 세금이 증가할 수밖에 없기 때문이다. 그런데 요즘 중앙정부나 지방자치단체 등 과세관청에서 부동산 관련 세금을 시가로 과세하는 경향이 짙어지고 있다. 예를 들어 시장에서 형성되는 거래가격을 알 수 없는 상가나 토지 등에 대해 기준시가로 상속세나 취득세 등을 내면, 과세관청이 감정평가를 받아 이의 금액으로 신고가액을 수정시켜 세금을 추징하는 일들이 비일비재하게 일어나고 있다. 이러한 현상은 가족 간 거래에서도 자주 발생하고 있다. 시가와 동떨어지게 거래하면서 세금부담을 피하거나 편법적인 부의 이전이 일어나는 것을 방지하기 위해서다. 그래서 사전에 이러한 문제를 예방하기 위해서는 특별 대책이 필요하다. 그 중 대표적인 것이 바로 감정평가를 활용하는 것이다.

이 책은 이러한 배경 아래 부동산 평가와 관련된 다양한 쟁점을 해결하기 위해 태어났다.

그렇다면 이 책 '부동산 감정평가 세무 가이드북'은 다른 책에 비해 어떤 점들이 뛰어날까?

첫째, 국내 최초로 부동산 감정평가를 활용한 세무관리법을 다뤘다.

이 책은 총 9개의 장과 부록으로 구성되었다. 먼저 1~3장에서는 부동산 가격과 세무상 쟁점, 그리고 세법상 재산평가방법을 살펴봤다. 또한, 시가의 하나인 감정평가가 대세가 된 이유를 정리했다. 한편 4장부터 8장까지는 세목별로 감정평가 활용법을 알아보고, 9장에서는 실전에서 세목별로 감정평가를 몇 개 받아야 하는지, 언제 받아야 하는지 등을 살펴봤다. 마지막 부록에서는 부동산 종류별로 시가평가방법을 알아봤다.

제1장 부동산 가격과 세무상 쟁점
제2장 국세법과 지방세법상의 재산평가방법
제3장 감정평가가 대세가 된 이유
제4장 감정평가로 취득세를 줄이는 방법
제5장 감정평가로 부가세를 줄이는 방법
제6장 감정평가로 양도세를 줄이는 방법
제7장 감정평가로 상속세와 증여세를 줄이는 방법
제8장 감정평가로 법인세를 줄이는 방법
제9장 감정평가 받기 전에 알아야 할 것들
[부록] 부동산·입주권·분양권 재산평가법

둘째, 실전에 필요한 다양한 사례를 들어 문제해결을 쉽게 하도록 했다.

모름지기 책은 정보를 단순하게 나열하는 것보다는 입체적으로 전달하는 것이 훨씬 값어치가 있을 것이다. 이러한 관점에 따라 이 책은 기본적인 내용은 물론이고 실전에 필요한 사례를 최대한 발굴해서 이해의 깊이를 더할 수 있도록 노력을 많이 했다. 저자가 현장에서 문제를 어떻게 해결하는지를 지켜보는 것만으로도 이와 유사한 세무문제를 손쉽게 해결할 수 있을 것으로 기대한다. 이 외에 실무적으로 더 알아두면 유용할 정보들은 Tip이나 절세탐구를 신설해서 정보의 가치를 더했다. 또한 곳곳에 요약된 핵심정보를 제공함으로써 실무 적용 시 적응력을 높일 수 있도록 노력했다.

셋째, 부동산 감정평가를 활용한 다양한 절세법을 다뤘다.

서두에서 봤듯이 부동산 관련 세금은 과세기준이 상당히 중요하다. 특히 과세관청의 시가 과세 기조가 강화되고 있는 요즘에 더더욱 그렇다. 이에 저자는 부동산 감정평가를 활용해서 시가 과세에 제대로 대응하는 것은 물론이고, 더 나아가 세목별로 이를 잘 활용하는 방법을 다뤘다. 예를 들어 신고 후 매매사례가액이 뒤바뀌는 것을 방지하기 위한 감정평가 전략, 토지와 건물의 일괄공급 시 감정평가를 활용해 부가세와 양도세를 줄이는 원리 등이 이에 해당한다. 한편 최근 점점 강화되고 있는 과세관청의 감정평가사 내용 및 이에 대한 대응방법도 체계적으로 다뤘다. 이 외에도 국세법과 지방세법상의 시가평가제도를 비교해 명확한 세법 적용을 할 수 있도록 심혈을 기울였다.

이번에 국내 최초로 선보이는 《부동산 감정평가 세무 가이드북》은 세금에 관심 있는 분들이라면 누구라도 볼 수 있도록 체계적으로 집필했다. 따라서 일반인은 물론이고 감정평가 업계, 법무 업계, 세무회계 업계 등이 보면 좋을 것으로 보인다.

만약 책을 읽다가 궁금한 내용이나 세무 상담이 필요한 경우 저자가 운영하는 네이버 카페(신방수세무아카데미)를 활용하기 바란다. 이 카페에서는 부동산 세금 계산기 및 세무회계에 관한 고급정보도 아울러 제공하고 있다.

이 책은 많은 분의 도움을 받았다. 우선 이 책의 전반적인 내용을 살펴주신 우일감정평가법인의 김원규 감정평가사님께 감사의 말씀을 드린다. 또한, 아낌없이 응원을 해주는 카페 회원분들, 가족의 행복을 위해 늘 노력하고 있는 아내 배순자와 젊은 날에 자신의 삶을 위해 고군분투하고 있는 두 딸 하영이와 주영이에게 감사의 말씀을 드린다.

아무쪼록 이 책이 부동산 감정평가에 관련된 세금에 잘 대처하고자 하는 분들에게 도움이 되었으면 한다.

독자들의 건승을 기원한다.

역삼동 사무실에서

신방수 세무사

일러두기

이 책을 읽을 때는 다음 사항에 주의하시기 바랍니다.

1. 개정세법의 확인

이 책은 2025년 2월 말에 적용되고 있는 세법을 기준으로 집필되었습니다. 실무에 적용 시에는 그 당시에 적용되고 있는 세법을 확인하는 것이 좋습니다. 세법 개정이 수시로 일어나기 때문입니다.

2. 용어의 사용

이 책은 다음과 같이 용어를 사용하고 있습니다.

- 상속세 및 증여세법(시행령)→상증법(상증령)
- 부가가치세법(시행령)→부가법(부가령)
- 양도소득세→양도세 등

3. 각종 부동산 관련 세무정보

- 유사재산의 매매사례가액에 대한 정보는 국세청 홈택스, 국토교통부의 홈페이지에서 알 수 있습니다.
- 공시가격에 대한 정보는 국토교통부의 홈페이지에서 알 수 있습니다.
- 부동산 세금 계산기는 홈택스 홈페이지나 저자의 카페를 활용할 수 있습니다.

4. 책 내용 및 세무 상담 등에 대한 문의

책 표지의 안쪽 날개 하단을 참조하시기 바랍니다.

특히 세무 상담은 저자의 카페에서 자유롭게 할 수 있으니 잘 활용하시기 바랍니다.

목차

제3장 · 감정평가가 대세가 된 이유

제4장 · 감정평가로 취득세를 줄이는 방법

제5장 · 감정평가로 부가세를 줄이는 방법

제6장 · 감정평가로 양도세를 줄이는 방법

제7장 · 감정평가로 상속세와 증여세를 줄이는 방법

제8장 · 감정평가로 법인세를 줄이는 방법

제9장 · 감정평가 받기 전에 알아야 할 것들

부록 · 부동산·입주권·분양권 재산평가법

제1장

부동산 가격과 세무상 쟁점

지금은 부동산 시가 과세의 시대!

실무에서 부동산 관련 대부분의 세목이 시가 과세를 원칙으로 하고 있다. 이러한 기조는 앞으로도 계속 유지 또는 확대될 가능성이 크다. 이렇게 시가로 과세된다면 당연히 각종 세금이 증가할 수 있다. 그렇다면 이러한 이유 외에도 어떤 이유로 과세관청은 시가 과세를 원칙으로 하는 것일까?

첫째, 공평과세를 실현하기 위해서다.

시가는 실제 시장에서 거래되는 가격을 반영하므로, 자산의 진정한 가치를 기준으로 세금을 부과할 수 있다. 이는 고가 자산을 보유하고도 과소평가된 기준으로 세금을 낮게 내는 불공평을 방지하고, 조세 형평성을 강화하는 역할을 한다.

➔ 부동산 등을 무상으로 이전하는 경우는 주로 상속이나 증여 등이 대표적이다. 전자에 대해서는 상속세, 후자에 대해서는 증여세가 나오는데 현행 세법은 시가 과세를 원칙으로 하고 있다. 공평한 과세를 위한 취지에서 그렇다.

둘째, 조세 회피 방지를 위해서다.

공시지가나 기준시가 같은 기준은 종종 시세를 반영하지 못하거나 이보다 낮게 평가되는 경우가 일반적이다. 시가를 과세기준으로 삼으면 자산을 저평가하거나 의도적으로 낮은 거래가를 신고해서 세금을 줄이려는 조세 회피 행위를 막을 수 있다.

➔ 예를 들어 가족 간에 시가보다 저가로 부동산을 거래하면 취득세와 양도세가 적게 발생할 수 있으며, 이 과정에서 부의 무상이전이 발생할 수 있다. 이에 세법은 시가를 다양한 방법으로 측정해 공정한 과세를 하려고 한다.

셋째, 재정 안정성을 확보할 수 있다.

서두에서 잠깐 언급했지만, 시가로 과세하면 세금을 더 거둘 수 있다. 특히 부동산의 경우에는 국가의 각종 제도나 경제정책 등의 수혜를 입어 자산 가치가 상승한 경우가 대부분으로 이의 상승분에 대해 효과적으로 세수에 반영할 수 있는 장점이 있다. 그 결과 정부의 재정을 확보하는 데 기여할 수 있다.

Tip 세법상 시가평가가 필요한 경우

구분	세목	시가평가가 필요한 경우
유상거래 관련 세금	취득세	가족 간 저가취득(고가취득은 제외)
	양도세	가족 간 고·저가 양도, 과세대상의 안분
	부가세	토지와 건물가액의 안분
보유 관련 세금	· 재산세 · 종부세	없음.
상속증여 관련 세금	상증세	상속세와 증여세의 신고
	취득세	증여취득에 따른 취득세 신고 (상속은 시가평가가 필요 없음)

시가란 뭘까?

이 책에서는 세법상 시가의 하나에 해당하는 감정가액이 부동산 세금에 어떤 영향을 주는지 살펴보고자 한다. 그런데 이를 잘 이해하기 위해서는 세법상 시가가 뭔지를 정확히 알 필요가 있다. 시가가 거래가액을 의미하는지, 거래가 없다면 어떤 식으로 시가를 측정하는지 등이 쟁점이 되기 때문이다. 이러한 관점에서 먼저 시가에 대한 개념부터 알아보자.

1. 시가의 개념과 한계

1) 시가의 개념

상증법 제60조 제2항에서 다음과 같은 식으로 시가에 대해 정의하고 있다.

> 시가는 불특정다수인 사이에 자유롭게 거래가 이뤄지는 경우에 통상적으로 성립된다고 인정되는 가액으로 하고, 수용가격·공매가격 및 감정가액 등 대통령령으로 정하는 바에 따라 시가로 인정되는 것을 포함한다.

이 개념을 보면 시가는 일반적으로 사람들이 이해할 수 있는 수준의 거래 조건과 가격을 의미하며, 특수 관계(예 : 가족, 계열사 등) 없이 독립적인 제3자 간의 거래에서 성립하는 객관적인 시장가격을 의미한다.

2) 시가 개념의 확장

그런데 앞의 시가 개념은 다소 추상적이다. 세액을 산출하기 위해서는 명확하게 숫자가 특정되어야 하는데 이 개념으로는 이를 충족할 수 없기 때문이다. 그래서 세법은 이러한 한계를 극복하기 위해 시가 개념을 확장하고 있다. 즉 다음의 가격을 특정한 시가로 인정한다.

- 매매사례가액*

* 매매사례가액이란 특정 자산과 유사한 특성을 가진 자산(부동산 등)이 실제 매매된 거래가격을 말한다. 매매사례가액은 실제 거래가액을 바탕으로 하므로, 시장에서 형성된 가격을 반영한다.

- 감정가액
- 수용·공매·경매가액

물론 시가측정은 상속이나 증여 등이 발생한 날을 기준으로 해야 하나, 이날에 측정하는 것이 불가능하므로 특정한 기간을 지정해서 그 범위 내에서 시가를 찾도록 하고 있다.

➔ 참고로 시가가 없는 경우에는 기준시가가 시가에 해당한다. 따라서 이 금액으로 신고해도 하등 문제는 없다. 하지만 기준시가 과세를 마냥 허용하면 앞에서 본 시가 과세의 원칙이 무너진다. 이에 최근 과세관청(국세청과 지자체)에서는 자신들이 받은 감정가액으로 과세할 수 있는 제도를 도입해서 운영하고 있다. 납세자들로서는 매우 유의해야 할 제도로 이에 대한 자세한 내용은 순차적으로 살펴본다.

2. 적용 사례

사례를 통해 앞의 내용을 확인해보자.

Q1. A 씨와 B 씨는 오늘 5억 원에 부동산매매계약을 체결했다. 그런데 이와 유사한 부동산은 5일 전만 해도 7억 원에 거래되었다. 이 경우 취득세와 양도세에서 시가는 얼마인가?

오늘 시장에서 실제 거래된 가격 5억 원이 시가에 해당한다. 원칙적으로 시가란 거래 당시의 수요와 공급이 만나는 선에서 결정되는 것을 말하기 때문이다.

Q2. 만일 A 씨와 B 씨의 관계가 특수관계에 해당한다면 이 경우 시가는 얼마인가?

특수관계인 간에 거래 시에는 조세 회피나 세 부담 없는 부의 이전 등을 위해 거래가격을 담합할 가능성이 크다. 그래서 세법은 시가와 차이가 나는 거래를 잡기 위해 부당행위계산이나 증여세 과세 등 다양한 제도를 두고 있다. 그렇다면 이 경우 시가는 얼마인가?

이때는 세법에서 정한 대로 시가를 찾아야 한다.

- 평가기간 내에서 계약일과 가장 가까운 매매사례가액이나 감정가액 등이 있는지를 살펴본다. 사례의 경우 7억 원이 이에 해당할 가능성이 크다.

→ 실무에서 보면 시가 찾기가 상당히 어렵다. 2장 등을 참조하자.

Q3. Q2에서 시가가 7억 원으로 밝혀졌다고 하자. 이때 A 씨와 B 씨에게 무슨 규정이 적용되는가? 둘은 특수관계인으로 A 씨는 매수자, B 씨는 매도자라고 하자.

A 씨는 저가로 취득했으므로 시가로 취득세를 과세하며, B 씨는 저가로 양도하는 것이므로 양도세를 시가로 과세한다. 한편 A 씨는 저가 취득에 따라 이익을 취했으므로 증여세를 과세한다.

Tip 시가에 대한 오해와 진실

- 시가는 실제 거래되는 가격을 말한다.→아니다. 시가는 세법에서 정하는 방법에 따라 확인된 가격을 말한다.
- 기준시가는 시가에 해당하지 않는다.→아니다. 시가를 알 수 없는 경우에는 기준시가가 시가가 된다.
- 매매사례가액이 다수 있으면 평가기준일(상속개시일 등)과 가장 가까운 것을 시가로 한다.→아니다. 당해 재산과 기준시가 차이가 가장 작은 것을 시가로 한다(이 부분에 대한 자세한 내용은 뒤에서 살펴본다. 여기에서는 확인 정도만 하고 넘어가자).

세법상 시가의 종류와 측정방법

일반적으로 제3자 간에 부동산을 유상으로 거래하면 시가와 관련된 세무상 쟁점은 거의 없다. 하지만 상속이나 증여의 경우 시장에서 거래되는 것이 아니므로 이 경우 시가에 대한 평가과정을 거쳐야 한다. 다음에서는 시가의 종류와 이의 측정방법을 알아보자.

1. 세법상 시가의 종류

세법을 적용하기 위해서는 시가에 해당하는 가격이 특정되어야 한다. 그래야 세법을 구체적으로 적용할 수 있기 때문이다. 세법은 다음과 같은 가격을 시가로 인정하고 있다.

- 매매사례가액→실제거래가액을 말한다.
- 감정가액→감정평가사가 평가한 가액을 말한다.
- 수용가액→수용에 따른 보상을 받은 금액을 말한다.
- 공매 또는 경매가액→공경매에 의해 낙찰받은 가액을 말한다.

2. 시가의 측정방법

세법상 시가로 인정받기 위해서는 세법에서 정하는 절차에 따라 가액이 결정되어야 한다. 절차에 따르지 않는 것들은 세법상 효력이 없다. 이때 세법상 시가를 어떤 식으로 측정하는지 대략 요약하면 다음과 같다. 물론 자세한 내용은 2장, 7장 등에서 자세히 살펴볼 것이다.

※ 세법상 시가측정 방법

구분	평가기간* 내	평가기간 밖	
		평가기준일 전~2년(평가기간 제외)	평가기간 후~결정기한**
시가 범위	매매사례가액, 감정가액 등	좌동	좌동
시가 인정 전체	시가 요건충족	가격변동이 없어야 함.	좌동
시가 입증 주체	납세자	과세관청(또는 납세자)	좌동
평가심의위원회 심의대상	×	○	○
실무상 시가 적용 순서	1	2	3
위반 시 가산세	· 신고불성실가산세 ○ · 납부지연가산세 ○	· × · ○	· × · ×

* 상속의 경우 상속 전후 6개월 즉 총 1년, 증여는 증여일 전 6개월부터 증여일 후 3개월 등 총 9개월을 말한다.

** 상속은 신고기한으로부터 9개월, 증여는 6개월을 말한다. 이 두 세목은 정부가 이 기간 내에 신고내용을 확정시켜야 신고의 효력이 발생한다.

3. 적용 사례

사례를 들어 앞의 내용을 확인해보자.

자료

구분	시세	시가	공시가격
아파트	5억 원	?	3억 원

Q1. 시세와 시가는 차이가 있는가?

시세가 시장에서 실제로 형성되는 가격이라면, 시가는 특정 시점이나 기간의 평균적인 또는 평가된 가격을 말한다. 세법은 자산 가치를 공정하게 측정해야 한다는 개념에서 시가라는 용어를 사용한다.

Q2. 사례에서 세법상의 시가는 5억 원이라고 할 수 있는가?

아니다. 시세는 변동성이 있으므로 이를 과세기준으로 삼을 수는 없다. 따라서 사례의 5억 원은 세법상의 시가로 볼 수 없다.

Q3. Q2에서 세법상 시가는 어떤 식으로 확인하는가?

앞에서 본 평가기간 내에 매매사례가액이나 감정가액 등이 있는지 별도로 확인해야 한다.

Q4. 최근 이와 유사한 재산에 대한 매매사례가액을 확인해보니 다양한 거래가 있었다. 이 중 어떤 것을 시가로 해야 하나?

매매사례가액이 여러 개가 있는 경우에는 세법에서 정하는 절차에 따라 최종 선택을 해야 한다. 이 부분은 실무에서 매우 까다로운데, 다음에서는 대략적인 내용만 살펴보고 자세한 내용은 2장, 7장 등에서 살펴보자.

• 여러 개의 매매사례가액 중 평가기준일*과 기준시가의 차이가 가장 작은 것을 선택한다.

* 상속은 상속개시일, 증여는 증여일을 말한다.

• 만일 선택된 것들이 여러 개면 평가기준일과 가장 가까운 매매사례가액을 선택한다(예를 들어 기준시가가 동일한 것이 10개 있는 경우 그 중 평가기준일과 가장 가까운 매매사례가액이 시가가 된다는 것이다. 논리적이지는 않아 보이지만 법이 그렇게 되어 있다).

Q5. Q4처럼 매매사례가액을 선정한 경우에는 해당 가액이 신고가액으로 고정되는가?

아니다. 신고 후에 다른 매매사례가액이 나오면 해당 금액으로 신고가액이 변경될 수 있다.*

* 국세청 홈택스 등의 매매사례가액 정보가 뒤늦게 제공되면서 나타나는 현상이다. 이는 상당한 문제를 일으키는데 뒤에서 분석한다.

Q6. 만일 평가기간 내에서의 감정가액이 시가로 인정된다고 하자. 그런데 감정평가 시점에 따라 가액이 달라진다고 할 경우 가장 유리한 평가액을 시가로 할 수 있는가?

그렇다. 평가기간 내에서 감정평가가 시행되기만 하면 이를 시가로 인정하기 때문이다.

Tip 세목별 시가평가방법 요약

원래 재산의 평가는 특정 시점에 평가하는 것이 원칙이다. 예를 들어 상속의 경우에는 상속이 발생한 날, 증여는 증여일, 양도는 양도일이 된다. 그런데 이렇게 특정한 날에는 특정 가격을 알 수가 없으므로 세법은 '일정한 기간(평가기간)' 내에서 가격을 평가할 수 있도록 하고 있다. 이를 세목별로 요약하면 다음과 같다.

구분	원칙(평가기간)		예외(평가기간 밖)*
	당해 재산	유사재산	
상속세	상속개시일 전후 6개월 (1년)	상속개시일 전 6개월~신고일	평가기준일 2년 전 ~상속·증여세 결정기한(취득세는 6개월, 평가기간 제외)
증여세	증여일 전 6개월 후 3개월 (9개월)	증여일 전 6개월~신고일	
취득세	취득일 전 6개월 후 3개월 (9개월)	취득일 전 1년~신고·납부기한 만료일	
양도세	양도일 전후 3개월 (6개월)	좌동	상증법 준용 (저자 의견)

* 최근에는 평가기간 밖에서도 시가가 발견되면 이를 토대로 과세할 수 있는 장치가 마련되어 있다. 다만, 이 경우에는 과세관청에서 마련하고 있는 평가심의위원회의 심의를 거쳐야 하므로 극히 제한적인 범위 내에서 시가로 인정된다.

시가 과세를 뒷받침하는 제도들

세금을 납부하는 납세자의 관점에서 시가 과세는 상당히 큰 부담으로 작용한다. 많은 현금유출을 의미하기 때문이다. 그래서 시가 과세를 피할 수만 있다면 이를 선택하는 경우가 일반적이다. 하지만 과세관청의 입장에서는 시가 과세를 절대 포기할 수 없다. 그래서 세법마다 다양한 장치를 두어 이를 규제하고 있다. 다음에서 이에 대해 간략히 정리해 보자.

1. 시가 과세를 뒷받침하는 제도들

첫째, 시가 개념을 최대한 넓힌다.

원래 부동산에 대해 세법을 적용하기 위해서는 가격을 특정할 수 있어야 한다. 하지만 세법을 적용할 때 시장에서 거래가 되지 않으면 특정한 가격을 찾기가 대단히 힘들다. 그래서 하는 수 없이 시장가격을 대체할 수 있는 다양한 형태의 가격을 시가로 간주하는 방식을 동원하고 있다. 예를 들어 일정한 기간(상속의 경우 상속 전후 6개월, 즉 1년) 내에서 해당 재산이나 유사한 재산이 매매되거나 감정평가를 받았다면 이러한 가격을 시가로 본다.

➔ 납세자가 스스로 시가를 찾는 것은 거의 불가능하다. 시가에 대한 정보를 제대로 얻을 수 없기 때문이다. 그래서 시가를 둘러싸고 쟁점이 발생하는 것을 방지하기 위해 감정평가를 해서 신고하는 경우가 많다.

둘째, 국세청 감정평가사업을 확대한다.

시가신고가 필요한 상황이라도 납세자가 모든 부동산을 감정평가를 통해 신고하지는 않는다. 납세자가 일부러 감정평가를 받으면서까지 많은 세금을 부담할 이유가 없기 때문이다. 그래서 시가가 없는 상황에서는 기준시가로 신고하는 것이 당연시된다. 그렇다면 과세관청의 입장에서는 이러한 상황을 어떻게 받아들일까?

이를 방치하면 과세관청이 목표로 삼았던 시가 과세의 원칙을 훼손하게 된다. 그래서 과세관청은 이러한 상황을 방지하기 위해 신고가액을 감정가액으로 수정할 수 있는 제도를 두고 있다(현재 실제 국세청 등이 예산을 투입해 감정평가를 하고 있다).

➔ 실무에서 보면 이 제도와 관련해서 다양한 쟁점들이 발생하고 있다. 취득세부터 상속이나 증여세까지 광범위하게 이 제도가 작동되고 있기 때문이다. 참고로 이 제도는 2024년까지는 주로 비거주거용 건물이나 나대지에 적용했으나, 2025년부터는 주거용 건물로까지 확대·시행되고 있다.

셋째, 신고 후 검증이나 세무조사를 강화한다.

가족 간 거래가 있거나 상속 또는 증여, 개인과 법인 간의 거래 등이 있을 때는 거래가액이 적정한지 등에 대한 사후검증이나 조사가 상시적으로 이뤄질 가능성이 크다. 가족이나 법인과의 거래 시에는 거래가격의 담합이 발생할 개연성이 크고, 상속이나 증여의 경우에는 시가가 별도로 존재할 가능성이 크기 때문이다.

→ 예를 들어 상속세나 증여세를 기준시가로 신고한 경우, 국세청은 해당 재산에 대해 감정평가를 할 것인가, 말 것인가를 결정하게 되는데, 이러한 의사결정은 보통 신고 후에 세무조사를 통해 이뤄진다. 따라서 국세청 감정평가사업과 세무조사는 불가분의 관계를 맺고 있다고 할 수 있다.

2. 적용 사례

K 씨는 다음의 재산에 대해 상속세를 신고하고자 한다. 물음에 답해보자.

자료

- 아파트 : 기준시가 10억 원(시세 15~18억 원 선)
- 일반건물 : 기준시가 10억 원(시세 모름)
- 임야 : 공시지가 1억 원(시세 모름)

Q1. 아파트에 대해서는 기준시가로 신고해도 될까?

아파트는 어떤 형태로든 시가가 있을 가능성이 크다. 해당 아파트와 면적 등이 유사한 아파트의 거래가액이 있을 가능성이 매우 크기 때문이다. 만약 이러한 거래가액이 없다면 무슨 수를 써서라도 시가로 과세할 가능성이 크다. 예를 들면 다음과 같은 조치가 있을 수 있다.

- 상속 전후 6개월 이내에 유사재산에 대한 거래가액이 없다면→과거 2년으로 기간을 확대해 거래가액을 찾는다.
- 이 경우에도 없다면→과세관청이 직접 나서서 감정평가를 받아 이 금액을 시가로 삼는다.

→ 다른 부동산과는 달리 아파트는 특별한 사정이 없으면, 감정평가를 받아 신고하는 것을 원칙으로 하는 것이 좋을 것으로 보인다.

Q2. 일반건물은 감정평가를 받아 신고하는 것이 좋을까?

일반건물은 유사한 것이 없으므로 기준시가 등 보충적 평가방법과 감정가액 중 하나로 신고해야 한다. 그렇다면 이 경우 반드시 감정평가를 받아 신고해야 할까?

아니다. 이는 의무가 아니므로 납세자가 선택할 수 있다. 다만, 실무적으로 두 방법에 대한 장단점을 파악한 후 의사결정을 하는 것이 좋다.

구분	기준시가로 신고	감정가액으로 신고
장점	· 당장 납부세액을 줄일 수 있다. · 감정평가수수료가 발생하지 않는다. · 과세관청이 감정가액으로 과세할 때도 가산세가 부과되지 않을 수 있다.	· 감정평가 시점 조절 등으로 감정평가액을 어느 정도 조절할 수 있다. · 세무조사가 생략되거나 강도가 약해질 수 있다.
단점	세무조사가 시행되거나 강도가 강해질 수 있다.	· 당장 납부세액이 증가할 수 있다. · 감정평가수수료가 발생한다.

→ 이에 대한 구체적인 내용은 2장 등에서 살펴본다.

Q3. 토지는 기준시가로 신고해도 되는가?

그렇다. 실무에서 보면 주로 고액의 부동산에 대해 감정평가사업을 하기 때문이다.

→ 국세청은 추정시가와 기준시가의 차이가 5억 원(2025년 기준) 이상인 부동산에 대해 이 규정을 적용하고 있다.

Q4. Q3에 따라 국세청의 감정평가로 납세자가 신고한 가액이 변경되는 경우에 예상되는 불이익 등은?

감정평가로 신고가액이 수정되면 다음과 같은 효과가 발생한다.

- 과소신고된 상속세가 추징된다.
- 과소신고에 따른 신고불성실가산세와 납부지연가산세는 부과되지 않는다. 납세자가 신고를 잘못한 것이 아니기 때문이다.
- 수정된 상속재산가액은 향후 양도 시 취득가액이 된다.

현행 시가평가제도의 문제점

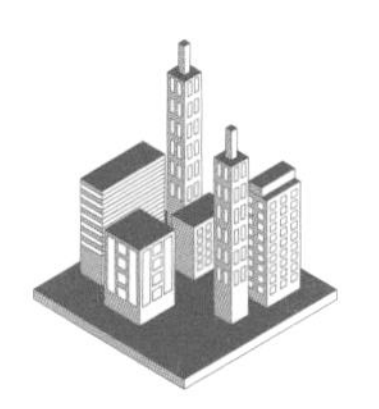

현행 시가평가제도는 납세자의 처지에서 보면 불합리한 요소가 상당히 많다. 앞에서 봤듯이 납세자들은 사실상 기준시가를 사용할 수 없는 환경 속에서 시가를 찾아내야 하는 한편 설령 이를 찾아냈다고 하더라도 불완전한 신고가 될 수밖에 없는 한계가 있기 때문이다. 다음에서 이에 대해 좀 더 구체적으로 알아보자.

1. 시가 과세의 불합리한 점

납세자 관점에서 시가 과세의 불합리한 점은 다음과 같다.

첫째, 평가 기준이 모호하다.

세금을 납부해야 하는 처지에서는 시가 산정 방식이 복잡하거나 모호해서 납세자가 불리한 평가를 받을 가능성이 크다. 따라서 이러한 현상이 만연한 경우 재산상 손실을 볼 가능성이 크다.

→ 실제 세목별로 평가 기준이 달라 이를 정확히 집행하는 것이 힘든 경우가 많다.

둘째, 세법상의 시가가 실제거래가액을 제대로 반영하지 못할 수 있다.

특정한 과세 시점에서 시가가 실제 거래가를 제대로 반영하지 못하면 과도한 세금을 부과받을 가능성이 커진다.

➔ 세법상의 시가가 평가기준일의 가치를 제대로 반영하지 못하고 엉뚱한 가격이 시가로 둔갑하는 경우가 많다. 세법의 절차에 맞으면 세법상 시가로 인정되기 때문이다. 예를 들어 상속개시일이 7월 1일(시가 5억 원)인 상황에서 1월 1일의 매매사례가액(10억 원)이 시가로 될 가능성이 있다. 이러한 극단적인 사례는 시가의 변동성이 큰 아파트에서 많이 찾아볼 수 있다.

셋째, 시가 변동성이 높아 납세자가 정확한 세액을 예측하기 어렵다.

특히 부동산 가격이 급등한 시기에는 시가 측정이 매우 어렵다. 아파트가 대표적으로 이에 해당한다. 앞의 두 번째 상황과 결이 같다.

넷째, 정보의 비대칭 문제가 심각하다.

국토교통부나 국세청에서 제공하는 매매사례가액 정보는 뒤늦게 제공되므로 완전하지가 않다. 따라서 이의 정보를 가지고 신고하는 경우 신고가액이 뒤바뀌는 경우가 많다. 그 결과 본세 및 납부지연가산세의 추징문제가 발생한다.

다섯째, 자발적 감정평가를 강요받을 수 있다.

세법상 시가에는 매매사례가액, 감정가액 등이 있고 이러한 가액이 없으면 기준시가도 시가로 사용하는 것이 세법의 태도다. 하지만 기준시가로 신고하는 경우 광범위한 감정평가사업의 적용으로 인해 납세자들이 감정평가를 받을 수밖에 없는 상황으로 몰리는 경우가 많다.*

* 이 경우 납세자가 감정평가수수료를 부담해야 한다. 세법이 납세비용을 올리는 결과를 낳는다는 지적이 있다.

2. 적용 사례

다음과 같은 상속재산이 있다. 자료를 보고 물음에 답해보자.

자료

- A 아파트 : 시가 10억 원(신고 당시의 매매사례가액)
- 3년 전 배우자에게 증여한 B 아파트 : 기준시가 4억 원(신고하지 않음)
- 현금자산 : 1억 원
- 상속공제액 : 10억 원

Q1. 3년 전 배우자에게 증여한 아파트에 대한 평가액은 얼마인가?

3년 전 증여에 대해서는 무신고를 했으므로 일단 증여일 현재를 기준으로 재산을 평가해야 한다. 이때 다음과 같은 절차에 따른다.

- 평가기간 내의 매매사례가액 등→평가기간 밖의 매매사례가액 등 →보충적 평가방법으로 평가

Q2. 3년 전에 배우자에게 증여한 아파트에 대해서는 시가가 없는 것으로 보아 4억 원으로 평가한다고 하자. 이 경우 총 상속재산가액은 얼마로 예상되는가?

A 아파트와 B 아파트 그리고 현금자산을 합하면 15억 원이 된다.

Q3. 이 경우 상속세 산출세액은 얼마인가?

상속재산가액에서 상속공제액을 차감하면 상속세 과세표준은 5억 원이 되고, 이에 20%의 세율과 누진공제 1,000만 원을 차감하면 상속세 산출세액은 9,000만 원이 된다.

Q4. 신고 당시의 A 아파트의 시가는 10억 원이었다. 그런데 신고 직전에 계약된 금액 11억 원이 있었는데 납세자는 이를 알지 못했다. 향후 이 금액으로 상속세 신고가액이 변경될 수 있을까?

그렇다.

➔ 이러한 현상이 자주 발생하는 것이 매매사례가액의 가장 큰 문제점이 된다. 납세자로서는 매우 불합리하므로 이에 대한 개선책이 절실히 필요하다(86페이지 참조).

Q5. 3년 전에 신고한 B 아파트에 대해서는 어떤 식으로 조사가 이뤄질까?

과세관청의 처지에서 보면 다음과 같이 시가를 조사할 것으로 보인다.

첫째, 평가기간(증여일 전 6개월~증여일 후 3개월) 내에 매매사례가액 등이 있는지를 검토한다. 만약 이에 대한 가격이 있으면 당해 가액을 시가로 해 상속재산가액에 합산시킨 후 상속세를 추징한다.*

* 이때 평가오류에 따른 신고불성실가산세는 없으나, 납부지연가산세가 부과된다.

둘째, 평가기간 내에서 매매사례가액 등이 없는 경우 평가기간 밖(평가기간을 제외한 2년~증여세 결정기한)에서 매매사례가액 등이 있는지를 검토한다.

셋째, 평가기간 밖에서도 매매사례가액 등이 없다면 신고가액을 인정할 수밖에 없다.*

* 평가기준일 이전에 대해서는 과세관청이 소급해 감정평가를 할 수 없다.

Q6. 사례에서 얻을 수 있는 교훈은?

상속세를 신고하는 납세자의 관점에서는 정확한 신고를 위해서라도 신고 시점에 재산평가부터 정확해야 한다. 하지만 시가평가제도의 불완전성으로 인해 납세자가 정확한 시가평가를 하는 것은 사실상 힘들다는 것을 알 수 있다.

➔ 이러한 이유로 세무업계에서는 재산평가 규정을 현실에 맞게 개선할 것을 요구하고 있다. 예를 들어 상속세 등의 신고 시점에 알 수 있는 매매사례가액을 시가로 인정하거나, 평가기간 내의 매매사례가액 중 납세자가 선택하는 것을 시가로 인정하는 것 등이 해당한다. 세금이라는 것이 탈법이 아니라면 신고 시점에 확정되어야 함에도 불구하고 현행의 상증세는 시가평가제도의 불완전성으로 인해 이러한 기초적인 문제도 해결하지 못하고 있는 것으로 평가된다.

시가 과세제도에 대한 납세자의 대응책

시가 과세는 과세관청의 측면에서 보면 절대 놓칠 수 없는 명제에 해당한다. 하지만 역으로 보면 납세자로서는 많은 세 부담을 일으키는 제도임에는 틀림이 없다. 따라서 납세자로서는 이에 대한 대응책이 충분히 있어야 한다. 다음에서는 납세자의 관점에서 시가 과세제도에 대한 대응책을 알아보자.

1. 시가 과세제도에 대한 대응책

첫째, 세목별로 과세방식을 정확히 이해해야 한다.

부동산 관련 시가 과세가 적용되는 세목은 취득세, 양도세, 상속·증여세, 법인세 등 대부분이다. 물론 이 중 가장 광범위하게 작용하는 세목은 상속·증여세다.

둘째, 신고 전에 평가방법을 확정해야 한다.

세목별로 과세방식이 파악되었다면, 이제 실제 신고항목에 대한 평가방법에 대한 의사결정을 해야 한다. 예를 들어 가족 간에 매매할 때는 미리 시가에 대한 객관적 평가자료를 확보한다. 감정평가 등을 통해 과세관청의 시가 산정에 이의를 제기할 수 있는 근거를 마련하는 식이 된다. 이때 세무전문가와 협력해서 세무 리스크를 사전에 파악하고 대비하는 것이 중요하다.

셋째, 사후관리에 유의한다.

부동산 세목은 신고 후에 사후검증이나 세무조사가 진행되는 경우가 많다. 특히 매매사례가액이나 감정가액 등으로 신고해도 마찬가지다. 매매사례가액이 세법에 맞지 않는 경우도 많고, 감정가액도 부실하게 평가된 경우가 많기 때문이다. 따라서 납세자들은 고액의 부동산이나 가족 간의 거래에 대해서는 사후관리에 유의해야 한다. 한편 과세관청으로부터 시가에 대한 정정 등을 요구받으면 이의신청, 행정심판, 소송 등을 통해 대응할 수 있도록 한다.

2. 적용 사례

사례를 통해 앞의 내용을 확인해보자. 다음 자료를 가지고 물음에 답해보자.

자료

- A 아파트 : 시가 10억 원(신고 당시의 매매사례가액)
- 3년 전 배우자에게 증여한 B 아파트 : 기준시가 4억 원(신고하지 않음)
- 현금자산 : 1억 원
- 상속공제액 : 10억 원

Q1. 위와 같은 상황에서 실무처리방법은?

각 재산에 대한 평가방법을 확정시킨 후 세액을 예상한다.

- A 아파트→매매사례가액은 신고 후 변경이 가능하므로 감정평가를 받을 것인지를 검토한다.
- B 아파트→증여 당시 매매사례가액이 있는지를 검토한다. 있다면 이를 기준으로 신고한다. 만일 없는 경우에는 기준시가로 신고하도록 한다.
- 현금자산→보유한 현금 그대로 평가한다.

Q2. 만일 B 아파트를 기준시가로 상속세를 신고한 경우로서 향후 시가(6억 원)가 밝혀졌다면 어떤 불이익이 있는가?

이 경우 상속세 과소신고에 따른 신고불성실가산세는 없지만, 납부지연가산세는 있다. 참고로 배우자증여에 대한 무신고에 대해서는 가산세 등이 없다. 배우자 간에는 10년간 6억 원까지 증여세가 부과되지 않기 때문이다.

Q3. 이 사례를 통해 얻을 수 있는 교훈은?

상속세나 증여세 등의 신고에서 재산가액을 확정시키는 것은 매우 중요한 작업이다. 만일 매매사례가액이 다수 존재하는 아파트의 경우에는 감정가액으로 신고하는 것이 도움이 될 수 있다는 것이다. 감정가액은 유사한 재산에 대한 매매사례가액보다 우선적으로 적용하기 때문에 가격상승에 대한 세금증가분을 상쇄하는 장점이 있다. 다만, 모든 상황에서 감정평가가 유리하는 것이 아니므로 본인의 상황에 맞는 평가방법을 제대로 가리는 것이 중요하다. 자세한 것은 순차적으로 살펴볼 것이다.

절세탐구 부동산 세금의 과세기준

부동산 세금은 대부분 시가로 과세된다. 그런데 부동산 관련 세목이 다양하고 그에 따라 과세기준도 제각각이다 보니 시가파악이 힘든 경우가 많다. 따라서 이에 대한 답을 정확히 얻기 위해서는 주요 부동산 세금별로 과세기준부터 살펴볼 필요가 있다.

구분		원칙	예외
취득세	유상취득	· 제3자 : 실제거래가액 · 부당행위 : 시가인정액	
	무상취득	· 상속 : 시가표준액 · 증여 : 시가인정액	· 증여 : 시가표준액*
보유세		· 재산세 : 시가표준액 · 종부세 : 기준시가	
양도세		· 제3자 : 실제거래가액 · 부당행위 : 시가	
상증세		시가	보충적 평가방법**

* 증여의 경우 시가인정액이 없거나 시가표준액이 1억 원 이하면 시가표준액으로 한다.

** 기준시가, 임대료 환산가액 등으로 평가하는 방법을 말한다.

이 표를 좀 더 자세히 살펴보자.

첫째, 취득세는 유상거래와 무상거래로 나눠 살펴볼 수 있다.

전자의 경우 제3자 간에는 실제거래가액을 기준으로 취득세를 부과하는 것이 원칙이다. 후자의 경우 상속은 시가표준액, 증여는 시가인정액으로 과세하는 것이 원칙이나, 시가가 없는 경우 등은 시가표준액으로 취득세를 과세한다.

둘째, 보유세는 시가가 아닌 정부에서 매년 발표하는 시가표준액 또는 기준시가로 과세한다.

셋째, 양도세는 실제거래가액을 원칙으로 한다. 다만, 특수관계인 간의 거래가 부당행위에 해당하면 실제거래가액이 아닌 세법상의 시가를 기준으로 과세된다.

넷째, 상속·증여세의 경우에는 시가로 과세한다. 물론 사안에 따라서는 시가가 없는 경우가 많은데 이때는 기준시가로 과세한다.

➔ 보유세를 제외하고 기준시가(또는 시가표준액)가 시가의 대용으로 사용되는 경우는 다음과 같은 경우로 한정된다. 나머지는 대부분 시가로 과세된다.

- 취득세→증여 취득세 과세 시 시가인정액이 없거나 시가표준액이 1억 원 이하인 경우
- 상증세→시가가 없는 경우 등

※ 세목별 신고 및 납부기한

구분	신고 및 납부기한	정부의 결정기한*
취득세	· 취득일~60일 · 증여일이 속한 달의 말일~3개월 · 상속개시일이 속한 달의 말일~6개월	-
양도세	양도일이 속한 달의 말일~2개월	-
상속세	상속개시일이 속한 달의 말일~6개월	신고기한~9개월
증여세	증여일이 속한 달의 말일~3개월	신고기한~6개월

* 상속세와 증여세는 정부부과 세목으로 납세자가 신고할 때 효력이 발생하지 않고 정부가 결정해야 효력이 발생한다.

Tip 부동산 가격 관련 용어 설명

- 시가 : 시장에서 불특정다수인 간의 정상적인 거래가액을 말하며, 이에는 매매사례가액*·감정가액 등을 포함한다. 주로 국세법에서 사용하는 용어에 해당한다.

  * 매매사례가액은 주로 유사재산의 실제거래가액을 말한다.
- 시가인정액 : 국세법의 시가와 같은 개념으로 지방세법에서 사용하는 용어에 해당하다.
- 기준시가 : 정부에서 공식적으로 발표하는 공시가격*으로 국세법에서 사용하는 용어에 해당한다.

  * 단독주택은 개별주택가격, 공동주택은 공동주택가격, 토지는 개별공시지가 등으로 공시되고 있다.
- 시가표준액 : 국세법의 기준시가와 같은 개념으로 지방세법에서 사용하는 용어에 해당한다.
- 보충적 평가방법 : 매매사례가액 등 시가가 없는 상황에서 시가를 대신해서 평가하는 방법을 말한다. 이에는 기준시가, 임대료 환산가액 등이 있다.*

  * 보충적 평가방법으로 상속세나 취득세 등을 신고 시 과세관청(국세청과 지자체)이 감정평가를 시행해서 세금을 추징할 수 있다.
- 취득가액 환산가액 : 양도세 계산 시 취득가액이 없는 경우 취득가액을 감정가액이나 기준시가 등으로 환산하는 것을 말한다.

※ 부동산 종류별로 본 기준시가와 고시 기관

기준시가(지방세는 시가표준액)는 다음과 같이 국토교통부 장관과 국세청장 등이 고시를 하고 있다.

<table>
<tr><th colspan="4">구분</th><th>고시 내용</th><th>고시 기관</th></tr>
<tr><td colspan="4">토지</td><td>개별공시지가</td><td>표준지 국토교통부 장관
(개별토지가격 시·군·구청장)</td></tr>
<tr><td rowspan="5">건물</td><td rowspan="2">주택</td><td colspan="2">공동주택</td><td>공동주택가격</td><td>국토교통부 장관</td></tr>
<tr><td colspan="2">단독주택</td><td>개별주택가격</td><td>표준지 국토교통부 장관
(개별주택가격 시·군·구청장)</td></tr>
<tr><td rowspan="3">주택외</td><td rowspan="2">국세</td><td>상가·오피스텔</td><td>상가·오피스텔 기준시가</td><td>국세청장</td></tr>
<tr><td>기타 건물</td><td>건물기준시가</td><td>국세청장</td></tr>
<tr><td colspan="2">지방세</td><td>건물 시가표준액</td><td>행정안전부 장관
(시·군·구청장이 결정)</td></tr>
</table>

제2장

국세법과 지방세법상의 재산평가방법

재산평가의 순서

앞에서 부동산 관련 세금은 부동산 가격을 어떤 식으로 측정하느냐에 따라 그 크기가 달라짐을 알 수 있었다. 따라서 부동산 가격의 측정은 납세자와 과세관청 등의 관점에서 보면 매우 큰 쟁점이 된다. 다음에서는 앞 장에서 본 내용들을 좀 더 구체적으로 살펴보자. 먼저 상증법에서 제시한 재산평가 적용 순서부터 알아보자. 자세한 것은 7장의 절세 탐구를 참조하자.

1. 재산평가 적용 순서

현행 상증법 제60조와 상증령 제49조에서는 상속 또는 증여재산의 평가 적용 순서를 다음과 같이 정하고 있다.

① 당해 재산의 시가(매매·감정·수용·경매·공매가액)
② 유사재산의 시가(매매·감정·수용·경매·공매가액)
③ 보충적 평가방법(기준시가, 개별공시지가 등)→국세청 감정평가 대상
※ ①, ②항에서 시가가 둘 이상이면 가장 가까운 날에 해당하는 가액

이 내용을 좀 더 자세히 알아보면 다음과 같다.

첫째, 시가는 당해 재산과 유사재산으로 구분해서 파악한다.

당해 재산은 상속세나 증여세 신고대상이 되는 재산을 말하고, 유사재산은 당해 재산과 용도나 면적 등이 유사한 재산을 말한다. 세법은 먼저 당해 재산에 대한 시가를 파악하고, 이에 대한 시가가 없으면 유사재산에 대한 시가를 파악한다.

둘째, 시가의 종류에는 매매·감정·수용·경매·공매가액이 있다.

이렇게 보면 시가라는 것이 특정한 가격으로 고정되어 있지 않음을 알 수 있다. 예를 들어 똑같은 부동산에 대해 매매·감정·수용·경매·공매가액이 같지 않을 수 있기 때문이다. 이러한 이유로 인해 다음과 같은 후속 조치가 발생한다.

- 시가를 파악할 수 있는 기간을 둬야 한다. 이를 평가기간이라고 한다.
- 평가기간 내에 이러한 시가가 2개 이상 발생하면 평가기준일과 가까운 날의 것을 시가로 한다.*

* 예를 들어 평가기간 내에 당해 재산에 대한 실제거래가액과 감정가액이 동시에 존재한다면 평가기준일과 가까운 것을 기준으로 한다. 한편 유사재산의 매매사례가액은 주의해야 한다. 먼저, 당해 재산과 면적 및 기준시가가 상하 5% 이내에 있는 유사재산을 찾아야 하고, 이후 그 유사한 재산 중에서 기준시가의 차이가 가장 작은 것을 찾아야 하며, 기준시가가 동일한 것들이 있는 경우에는 평가기준일과 가까운 것을 선택해야 하기 때문이다.

셋째, 시가가 없으면 부득이하게 보충적 평가방법으로 평가한다.

당해 재산과 유사재산에 대한 매매·감정·수용·경매·공매가액 등 시가가 없다면, 기준시가 등 보충적 평가방법으로 재산을 평가할 수밖에 없다. 다만, 여기서 주의할 것은 보충적 평가방법으로 재산을 평가해서 신고하면, 국세청의 감정평가 대상이 될 수 있다는 것이다.

2. 적용 사례

사례를 통해 앞의 내용을 확인해보자.

Q1. 상증세를 신고할 때 시가는 어떤 식으로 파악하는가?

먼저 당해 재산에 대한 매매사례가액 등이 있는지를 파악한 후, 유사재산에 대한 매매사례가액 등을 파악한다.

Q2. 당해 재산에 대한 감정가액이 있다면 유사재산에 대한 매매사례가액 등보다도 우선하는가?

그렇다. 당해 재산에 대한 시가가 바로 존재하기 때문이다.*

* 감정평가의 이점은 바로 여기에 있다.

Q3. 상속세에서 시가를 평가하는 기간은 얼마나 되는가?

상속개시일 전후 6개월, 즉 1년이다. 다만, 유사재산은 상속개시일 전 6개월부터 상속세 신고일이다. 따라서 상속세 신고를 조속히 하면 유사재산에 대한 평가기간이 축소되는 장점이 있다.

Q4. 당해 재산과 유사재산에 대한 시가가 없다고 하자. 이 경우 기준시가로 신고할 수 있는가?

세법상 시가가 없으면 보충적 평가방법인 기준시가로 신고해도 된다.

Q5. Q4처럼 기준시가는 시가가 없는 상황에서 적법한 평가방법이다. 그런데도 국세청의 감정평가 대상이 되는 이유는 무엇인가?

상증령 제49조 제1항에서 평가기간의 밖(2년~신고기한 후 9개월)에서도 시가평가를 할 수 있도록 규정하고 있기 때문이다. 단, 국세청의 감정평가는 신고기한 후부터 9개월 이내에 이뤄져야 효력이 있다.

Tip 평가기준일과 평가기간(상증세 집행기준)

60-49-1 [평가기준일]

상속세나 증여세가 부과되는 재산의 가액을 결정하는 기준시점으로 상속재산은 상속개시일, 증여재산은 증여일을 평가기준일로 한다.

- 상속재산→상속개시일
- 증여재산→증여일

60-49-3 [평가기간]

① 평가기간은 상속재산의 경우 평가기준일 전후 6개월이며 증여재산의 경우에는 평가기준일 전 6개월부터 평가기준일 후 3개월까지다.

② 매매·감정 등의 가액이 평가기간 이내에 해당하는지는 다음의 날을 기준으로 판단한다.

가. 매매의 경우 : 매매계약일

나. 감정평가의 경우 : 가격산정 기준일과 감정가액평가서 작성일

다. 경매·공매·수용의 경우 : 경매가액·공매가액·보상가액이 결정된 날

당해 재산의 시가
(매매·감정·수용·경매·공매가액)

앞에서 본 당해 재산은 제일 먼저 확인해야 할 시가평가의 대상에 해당한다. 이에 대한 시가가 확인되면 유사재산에 대한 평가방법을 쳐다볼 필요가 없기 때문이다. 그렇다면 당해 재산의 시가는 어떻게 평가할까? 다음에서 이에 대해 알아보자.

1. 당해 재산에 대한 시가의 종류

이에 대해서는 상증세 집행기준에서 말한 내용을 위주로 살펴보자.

- **60-49-4 [시가로 보는 매매가격]**

재산에 관한 매매사례가 있는 경우로서 그 매매계약일이 평가기간 내에 있으면 그 거래가액은 시가로 인정된다.*

* 상속개시일로부터 6개월 이내에 매매계약을 한 경우 해당 가액이 상속재산가액으로 인정된다. 물론 해당 가액은 양도가액이 되는 동시에 취득가액이 되어 양도차익은 0원이 된다.

• **60-49-5 [시가로 보는 감정가격]**

감정평가서를 작성한 날이 평가기간 내에 속하는 경우로서 2 이상의 공신력 있는 감정기관(기준시가 10억 원 이하는 하나 이상의 감정기관)이 평가한 감정가액이 있는 경우에는 그 감정가액의 평균액은 시가로 인정된다. 단, 주식 및 출자지분의 감정가액은 인정되지 아니한다.

• **60-49-6 [시가로 보는 수용·공매·경매가격]**

당해 재산에 대해 수용·경매 또는 공매 사실이 있는 경우에는 평가기간 내에 가격 결정이 된 보상가액·경매가액 또는 공매가액은 시가로 인정된다.

• **60-49-8 [자본적 지출액]**

평가기준일 전 가액으로서 평가기준일까지 자본적 지출액이 확인되는 경우 그 자본적 지출액을 매매·감정·수용·경매 또는 공매가액에 가산할 수 있다.

2. 적용 사례

K 씨는 다음과 같은 재산을 보유하고 있다. 물음에 답해보자.

자료

• 상속개시일 : 20×5년 7월 1일
• 상속재산 : 아파트(매매사례가액 다수 있음), 상가 등

Q1. 평가기준일은 언제인가?

상속의 경우 상속개시일이 평가기준일이 된다. 따라서 20×5년 7월 1일이 이에 해당한다.

Q2. 평가기간은 언제인가?

상속개시일 전후 6개월이 평가기간이 된다.

Q3. 일반적으로 상속재산에 대한 평가는 어떻게 해야 하는가?

상속재산에 대해서는 앞에서 본 재산평가 순서(당해 재산 시가→유사재산 시가→보충적 평가방법)에 따라 평가해야 한다.

Q4. 사례의 아파트를 상속개시일로부터 6개월 이내에 양도하면 이 경우 상속재산가액은 어떻게 평가할까?

평가기간 내에 당해 재산에 대한 매매가액이 있다면 이는 당해 재산에 대한 시가가 있는 것으로 이 금액이 시가로 인정된다.

Q5. Q4에서 상속인과 매매계약을 했다. 이 경우에도 해당 가액은 시가로 인정될까?

상증법에서는 특수관계에 있는 자와의 거래 등에서 그 가액이 객관적으로 부당하다고 인정되는 경우, 매매사례가액을 시가로 인정하지 않는다. 물론 이 가액이 부당하지 않으면 시가로 인정된다. 이에 관한 판단 주체에 대해서는 다음 페이지의 Tip을 참조하기 바란다.

Q6. 사례의 상가는 평가기간 내에 시가가 없다. 그렇다면 기준시가로 신고해도 되는가?

그렇다. 물론 국세청이 감정평가를 할 것인지, 하지 않을 것인지는 별개에 해당한다.

Tip 시가의 범위에서 제외되는 경우(상증세 집행기준 60-49-9)

1. 매매사례가액에서 제외되는 경우

① 특수관계에 있는 자와의 거래 등 그 가액이 객관적으로 부당하다고 인정되는 경우의 매매사례가액*

* 저자는 이를 시가에서 제외하기 위해서는 상증령 제49조의 2 제1항 제1호에 따라 평가심의위원회를 거쳐야 할 것으로 판단한다. 다만, 평가기간 내는 관할 세무서장의 사실판단, 평가기간 밖은 평가심의위원회가 판단해야 한다는 의견이 있으므로, 정확한 것은 유권해석을 통해 확인해야 할 것으로 보인다.

② 실질 거래내용과 관계없이 거래당사자 간에 정한 토지거래계약 신고금액

③ 거래된 비상장주식의 액면가 합계액이 3억 원 미만이거나 발행주식총액의 1% 미만인 경우. 다만, 그 거래가액이 거래의 관행상 정당한 사유가 있다고 평가심의위원회가 인정한 경우에는 제외

2. 감정가액에서 제외되는 경우

① 일정한 조건이 충족될 것을 전제로 당해 재산을 평가하는 등 상속세 및 증여세의 납부목적에 적합하지 아니한 경우

② 평가기준일 현재 당해 재산의 원형대로 감정하지 아니한 경우

3. 수용·공매·경매가액에서 제외되는 경우

① 물납한 재산을 상속인 또는 그와 특수관계에 있는 자가 경매 또는 공매로 취득한 경우

② 경매 또는 공매절차의 개시 후 관련 법령이 정한 바에 따라 수의계약에 따라 취득하는 경우(1회 공매 후 1년간에 5회 이상 공매해도 매각되지 아니할 때 등)

③ 계약 불이행 등으로 공매가 무효가 된 경우

④ 경매 또는 공매로 취득한 비상장주식의 액면가 합계액이 다음의 금액 중 적은 금액 미만이면 경매·공매가격에서 제외한다.

가. 발행주식 액면 총액의 100분의 1에 해당하는 금액

나. 3억 원

⑤ 최대주주 등의 상속인 또는 최대주주들의 특수관계인이 최대주주들이 보유하고 있던 비상장주식 등을 경매 또는 공매로 취득한 경우

유사재산의 시가
(매매·감정·수용·경매·공매가액)

상증법상 시가평가는 당해 재산에 대한 매매사례가액 등이 있으면 이를 먼저 적용하되, 이에 대한 가액이 없으면 이와 유사한 재산에 대한 매매사례가액 등으로 시가평가를 하게 된다. 그런데 이 중 유사한 재산이 어떤 재산인지 이 부분을 제대로 이해하는 것이 중요하다. 다음에서 이에 대해 알아보자.

1. 유사재산의 범위

상속세나 증여세 등의 신고대상이 되는 재산과 용도 등이 유사한 재산을 말한다. 상증령 제49조 제4항과 상증칙 제15조 제3항에서 이에 관해 규정하고 있다.

1) 상증령 제49조 제4항(시가 적용 기준)

상속세의 경우 평가기준일 전 6개월부터 평가기간 내의 신고일까지의 유사재산의 매매사례가액 등을 시가로 보는 제도를 말한다.

2) 상증칙 제15조 제3항

유사재산은 다음의 요건을 갖춘 당해 재산과 동일하거나 유사한 면적, 위치, 용도, 종목, 기준시가를 가진 다른 재산을 말한다. 참고로 공동주택의 경우 요건을 충족하는 주택이 둘 이상일 경우, 공동주택가격 차이가 가장 작은 주택을 유사재산으로 함에 유의해야 한다.

> ① 공동주택 : 평가대상 주택과 동일하거나 유사한 주택 중 아래 요건을 모두 충족하는 경우
> 가. 동일 단지 내에 위치
> 나. 주거전용면적 차이가 평가대상 면적의 ±5% 이내
> 다. 공동주택가격 차이가 평가대상 가격의 ±5% 이내
> ② 기타 재산 : 면적, 위치, 용도, 종목, 기준시가가 동일하거나 유사한 재산

2. 적용 사례

사례를 들어 앞의 내용을 확인해보자.

자료

구분	정보	비고
A 아파트	85㎡, 5억 원(기준시가)	매매사례가액 다수 있음.
B 토지	3억 원(기준시가)	매매사례가액 없음.
C 상가	5억 원(기준시가)	매매사례가액 없음.

Q1. A 아파트의 유사재산은 어떻게 되는가?

동일 단지 내의 면적과 기준시가의 ±5% 이내의 아파트가 유사한 재산이 된다. 그런데 평가기간 내에 다수의 매매사례가액이 있는 경우에는 다음과 같은 원칙으로 이 중 하나의 가액을 선택한다.

• 기준시가의 차이가 가장 작은 것을 선택한다.*

* 납세자가 이를 아는 것은 불가능하다. 그래서 국세청 홈택스(재산 평가하기 메뉴)에서 이에 대한 정보를 제공하고 있으나, 이의 정보도 완벽하지 않은 점에 유의해야 한다.

• 앞의 유사재산이 2개 이상이면 평가기준일과 가까운 것을 선택한다. 이때 같은 날에 2개 이상이 있다면 이를 평균해야 한다.

Q2. B 토지의 유사재산은 어떻게 되는가?

인근의 토지가 이에 해당할 수 있다. 하지만 토지는 유사재산이 없는 경우가 많다. 따라서 이때는 기준시가로 평가해도 된다. 다만, 이때 고액의 토지라면 국세청의 감정평가 대상이 될 수 있다.

Q3. C 상가의 유사재산은 어떻게 되는가?

상가의 경우에도 유사재산이 거의 없다. 따라서 앞의 토지처럼 처리해도 된다.

Tip 시가로 보는 유사 사례가격(상증세 집행기준 60-49-7)

당해 재산의 시가로 보는 매매·감정·수용·경매·공매가격이 없는 경우로서 당해 재산과 면적·위치·용도·종목 및 기준시가가 동일하거나 유사한 다른 재산에 대한 매매사례가액·2 이상 감정가액·수용가액·경매가액·공매가액이 있는 경우에는 이 가액을 시가로 본다. 이때 상속세 또는 증여세 과세표준을 평가기간 이내에 신고한 경우 유사 사례가액은 평가기준일 전 6개월부터 평가기준일 후 6개월(증여의 경우 평가기준일 후 3개월) 이내 신고일까지의 가액을 적용한다.

유사한 재산에 대한 매매사례가액을 찾는 방법

납세자의 관점에서 유사한 재산에 대한 매매사례가액을 어떻게 찾는지 알아보자. 참고로 매매사례가액은 주로 아파트 같은 공동주택에서 많이 발생한다.

1. 매매사례가액을 찾는 방법

1) 이론상

이론상 매매사례가액은 다음의 절차에 따라 찾는다.

STEP 1 평가기간을 정한다.

평가기간은 평가기준일 전과 후의 기간을 합한 것으로 다음과 같이 결정한다. 상속과 증여만을 가지고 판단해보자.

- 상속 : 상속개시일 전 6개월~상속세 신고일
- 증여 : 증여일 전 6개월~증여세 신고일

STEP 2 매매사례가액을 찾는다.

위 평가기간을 보면 최소 6개월 이상이 되는데, 이 기간 내에서 유사한 매매사례가액을 모두 찾아내야 한다. 이때 국토교통부 또는 국세청 홈택스에서 거래가액을 조회할 수 있다. 이때 유의할 점은 다음과 같다.

- 공동주택의 경우 평가대상이 되는 주택(아파트 등)과 면적 및 기준시가가 ±5% 이내인 주택을 포함해서 이에 대한 매매사례가액을 찾는다.
- 특수관계인 간의 거래가액이 객관적으로 부당하다고 인정하는 경우는 제외한다.

STEP 3 결정한다.

매매사례가액이 2개 이상이면 다음과 같은 원칙에 따라 그중 하나를 시가로 한다.

- 공동주택은 기준시가의 차이가 가장 작은 것을 기준으로 한다.
- 앞의 매매사례가액이 둘 이상이면 평가기준일을 전후해 가장 가까운 날에 해당하는 가액(그 가액이 둘 이상이면 그 평균액을 말한다)을 적용한다.

2) 실무상

납세자들이 앞의 이론상 절차에 따라 매매사례가액을 찾기는 불가능에 가깝다. 국세청에서는 이러한 점을 고려해서 홈택스상의 '상속·증여 재산평가하기'를 통해 매매사례가액에 대한 정보를 다음과 같이 제공하고 있다.

※ 국세청 홈택스에서 제공하는 공동주택 평가액 적용 순서

순번*	(유사) 재산	매매 계약일	매매 사례가액	고시 일자	기준 시가	총면적	전용 면적	지분양도 여부
1								
2								

* 순번은 세법상 매매사례가액에 가장 근접한 것을 의미한다.

→ 여기서 유의할 것은 위와 같은 자료를 기초로 신고했더라도 매매사례가액 정보가 완전하지 않다는 것이다. 매매계약 후 30일 이내에 부동산거래신고가 된 후 이곳에 등재되기까지 많은 시간이 소요되기 때문이다. 그 결과 앞의 자료에 따라 신고했더라도 자료가 추가되어 순번이 바뀌는 일들이 비일비재로 발생하고 있는 것이 현실이다. 따라서 이 자료를 이용해 신고하는 경우에는 이러한 점에 유의해야 한다.*

* 신고가액이 바뀌었을 때 신고불성실가산세는 없지만, 본세의 추징 및 납부지연가산세는 피할 수 없다.

Q 돌발 퀴즈

왜 거래 정보가 뒤늦게 실리나?

부동산거래 신고는 일정 기간 내에 이뤄지지만(통상 계약일로부터 30일 이내), 시스템에 반영되는 데는 추가 시간이 걸리기 때문이다. 특히, 거래신고 지연, 수정신고, 취소 신고 등이 발생하면 관련 정보가 시스템에 업데이트되는 데 오랜 시간이 걸릴 수밖에 없다.

2. 적용 사례

사례를 통해 앞의 내용을 확인해보자. 다음 자료를 보고 물음에 답해보자.

자료

- 평가대상 아파트 : ○○ 아파트(전용 84.8079㎡) 101동 701호
- 평가일 : 20×4년 12월 1일
- 국토교통부 공시가격 : 12억 원
- 국토교통부 실거래가(최근 3개월)

해당월	전용면적(㎡)	계약일	해제여부	해제사유발생일	등기일자	거래금액(만 원)	동	층	매수자	매도자	거래유형 중개사 소재지
10월	84.8079	28	-	-	24. 10.30	120,700	101	8	개인	개인	중개거래 서울 ○○구
	84.8079	19	-	-	24. 10.20	183,000	101	10 10	개인	개인	중개거래 서울 ○○구
	84.8079	7	-	-	24. 10.10	168,000	101	10 10	개인	개인	중개거래 서울 ○○구
9월	84.8079	1	-	-	24. 9.10	130,000	101	10 10	개인	개인	중개거래 서울 ○○구
8월	84.8079	15	-	-	24. 9.10	120,000	101	7	개인	개인	직거래* 서울 OO구

* 가족 간 직거래의 경우 가액이 부인당할 수 있다.

Q1. 사례의 거래금액 중 가장 낮은 금액과 가장 높은 금액은?

최저가는 8월 15일에 계약한 12억 원, 최고가는 10월 19일의 18억 3,000만 원이다.

Q2. 사례의 경우 어떤 거래가액이 시가로 결정될까? 단, 거래내역은 앞의 것밖에 없다고 하자. 그리고 면적과 기준시가의 차이는 평가대상 주택과 5% 이내라고 하자.

앞의 순서에 따라 최종 가격을 결정해보자.

- 사례의 5건은 모두 평가기간에 해당하는 거래에 해당한다.
- 8월 15일 가족 간의 직거래를 제외하면 4건이 매매사례가액에 해당한다.
- 앞의 4건 중 기준시가의 차이가 가장 작은 것을 선택하고, 기준시가가 동일한 것이 있으면 평가기준일과 가장 가까운 것으로 하며, 같은 날 2개 이상의 매매사례가액이 있으면 이들을 평균한다.

→ 이상의 절차에 따라 여러 매매사례가액 중 하나를 선정해야 하는데, 아쉽게도 현행 국토교통부에서 제공하는 실거래가액 내역으로는 이를 파악할 수가 없다.

Q3. Q2에서 본 한계에도 불구하고 사례자가 20×4년 평가기준일과 가장 가까운 20×4년 10월 28일에 계약한 금액 12억 7,000만 원으로 신고하면 어떤 문제가 발생할까?

과세관청에서는 제출된 신고서상의 가액이 제대로 평가되었는지 등을 검토하게 될 것이다. 이때 평가대상 주택과 신고한 주택의 매매사례가액이 일치하는지 다음과 같이 검증하게 된다.

- 평가기간 내의 평가대상 주택과 유사한 주택의 거래가액을 찾는다.
- 그런 다음 유사한 주택과 평가대상 주택의 기준시가 차이가 가장 작은 것을 최종 매매사례가액으로 결정한다.
- 이렇게 결정된 가액과 신고한 가액을 비교해서 후속 조처한다.

Q4. 만일 국세청 홈택스에서 제공한 정보로 재산평가를 하면 문제점이 없어지는가?

국세청 홈택스에는 앞의 내용을 모두 반영해서 매매사례가액 적용 순서를 정해준다. 따라서 앞의 문제점은 없어진다. 하지만, 이 데이터 역시 늦게 게재되는 경우가 많아 해당 금액으로 신고를 했더라도 향후 신고가액이 뒤바뀔 수 있는 한계가 있다.

Q5. 이 사례에서 얻을 수 있는 교훈은?

매매사례가액으로 상속세 등을 신고하는 것은 불완전한 신고방법이 될 수 있다는 것이다.

Tip 국토교통부 실거래가 공개 시스템과 국세청 홈택스 상속·증여재산 평가시스템의 장단점 비교

구분	국토교통부 실거래가 공개 시스템	홈택스 상속·증여재산 평가
장점	손쉽게 거래가액 등 확인 (거래 연월일, 면적, 거래가액 등)	· 좌동 · 세법상 시가에 맞게 매매사례가액 정보제공*
단점	· 시스템에 뒤늦게 게재됨. · 단순 나열된 정보에 해당하므로 세법상 시가로 삼기에는 리스크가 큼.	· 좌동 · 세법에 맞게 선별된 정보에 해당하나, 뒤늦게 게재됨으로써 완전한 시가 정보로 삼기에는 위험이 따름.
비고	실무상 참고용 시가 정보에 해당함.	실무상 시가 정보로 사용할 수 있으나, 신고 후 매매사례가액이 변경될 수 있음. 이 경우 신고불성실가산세는 없으나, 납부지연가산세는 부담해야 함.**

* 예를 들어 아파트의 경우 동일 단지 내 전용면적과 기준시가 차이가 ±5% 이내 물건이 유사한 재산에 해당하는데, 현행 국세청 홈택스에서는 이러한 요소를 고려해서 세법에 적용할 매매사례가액 순서를 제시하고 있다.

** 이러한 문제를 예방하기 위해서는 해당 재산에 대해 감정평가를 받아 신고할 수밖에 없다.

매매사례가액으로 신고하면 손해 보는 이유

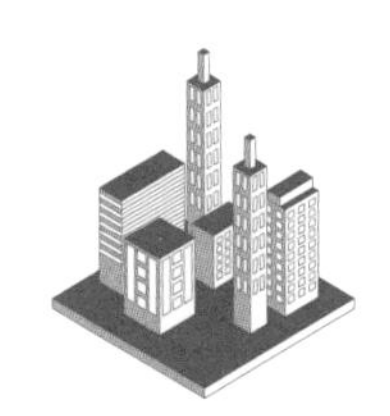

아파트 등 공동주택의 경우 다수의 매매사례가액이 존재할 가능성이 크다. 그렇다면 이 가액으로 상속세 등을 신고할 경우 장단점은 무엇인지와 실제 매매사례가액으로 신고하면 손해를 자주 보는 이유를 정리해보자.

1. 매매사례가액의 장단점

1) 장점

첫째, 자료 확보가 쉽다.

국토교통부의 실거래가 조회나 국세청 홈택스에서 매매사례가액을 손쉽게 조회할 수 있다.

둘째, 비용이 들지 않는다.

매매사례가액에 대한 정보는 국토교통부나 국세청에서 무료로 제공하고 있다.

2) 단점

첫째, 국토교통부 매매사례가액의 경우 요건에 맞는 매매사례가액인지를 확인하기가 힘들다.

국토교통부에서 제공하는 매매사례가액은 상속세나 증여세의 신고 목적으로 사용하기가 힘들다. 해당 가액이 세법상의 요건을 충족하는지가 불분명하기 때문이다. 이 외에도 국토교통부의 실거래가 공개 시스템상의 정보는 거래 후 일정 기간이 지난 후에 업데이트가 되므로 신고에 사용하기에는 적절하지 않다.

둘째, 국세청 홈택스상의 매매사례가액으로 신고하더라도 가액이 바뀔 가능성이 있다.

국세청 홈택스상의 매매사례가액은 세법상의 요건에 맞게 적용 순서를 알려주나, 이 정보도 치명적인 단점이 있다. 앞의 국토교통부 매매사례가액 정보처럼 뒤늦게 자료가 업데이트됨에 따라 새로운 매매사례가액이 나올 가능성이 있기 때문이다.

➔ 매매사례가액이 수정되면 다음과 같은 불이익이 뒤따른다.

- 상속세 등 본세의 증가
- 신고불성실가산세는 면책
- 납부지연가산세는 면책되지 않음.

※ 국세청 홈택스상의 매매사례가액 주의사항

1. 조회일 전 약 2개월 내 유사재산 매매사례가액은 시간 제약상 부득이 제공되지 못하며, 이에 따라 과세관청의 상속·증여세 처리 시 다른 사례가액 등으로 결정될 수 있다.*

* 이 부분이 가장 큰 맹점에 해당한다.

2. 아울러, 본 시스템을 이용해 유사재산 매매사례를 확인한 경우 등기부 등본을 열람해 매매사례가액 등의 확인을 권장한다.
3. 상증칙 제15조 개정에 따라 '19. 3. 20 이후 공동주택에 대한 상속·증여분부터는 반드시 평가대상 주택과 공동주택가격 차이가 가장 작은 주택이 있는지 추가 확인하기 바란다.*

   * 여러 개의 매매사례가액이 있는 경우 기준시가의 크기로 매매사례가액 중 하나를 선택하는 것도 상당히 문제가 있는 것으로 평가된다. 기준시가는 일 년에 한 번 고시되는 것이고, 시가는 늘 변동하기 마련인데 이러한 상황을 무시하고 기계적으로 이의 크기를 가지고 시가를 결정하는 결과가 나오기 때문이다. 이러한 문제를 해결하기 위해서는 평가기준일과 가장 가까운 것으로 하거나 아니면 납세자가 선택하는 것을 세법상 시가로 인정하는 방식도 필요해보인다.

4. 위 3번에 따른 시가가 둘 이상이면 평가기준일을 전후해서 가장 가까운 날에 해당하는 가액을 시가로 적용한다.

위의 내용은 국세청 홈택스상의 '상속·증여재산평가하기' 관련 국세청의 안내문구에 해당한다. 국세청도 그들이 제공한 매매사례가액에 대한 정보의 한계를 인정하는 것으로 납세자들은 이에 유의해야 할 것으로 보인다.

2. 적용 사례

K 씨는 다음과 같이 상속세를 신고했다.

자료

- A 아파트 매매사례가액 : 20억 원
- 매매사례가액에 대한 정보 : 국세청 홈택스 제공(신고일 현재)
- 세무신고 : 세무대리인

Q1. 앞의 매매사례가액 정보는 상속세 신고일 현재의 것을 기준으로 했다. 세무대리인으로서는 정상적인 신고에 해당하는가?

그렇다.

Q2. 상속세 결정기한(신고기한~9개월)에 A 아파트의 새로운 매매사례가액 25억 원짜리가 발견되었다. 이 금액으로 결정하면 무슨 불이익을 받는가?

상속세 본세가 늘어나며 납부지연가산세를 부담해야 한다. 신고는 잘못한 것이 아니므로 신고불성실가산세는 없다.

Q3. 납세자의 관점에서는 예상하지 못한 상속세와 납부지연가산세를 부담해야 하므로 상당한 부담이 된다. 이를 방지하려면 어떻게 해야 하는가?

먼저 법을 고치는 것이다. 예를 들어 상속세 신고일까지 고시된 매매사례가액을 그대로 인정하거나 매매사례가액 중 하나를 납세자가 선택할 수 있도록 하는 것이다. 다른 하나는 신고 전에 감정평가를 받아 이를 통해 신고하는 것이다. 이 외 불복 등을 통해 해법을 모색할 수 있다.

Q4. Q3에서 감정평가(21억 원)를 받아두고 매매사례가액을 20억 원으로 신고했다고 하자. 이후 새롭게 발견된 25억 원짜리 매매사례가액 대신 감정가액 21억 원으로 신고가액을 수정할 수 있는가?

그렇다. 해당 재산에 대한 감정가액이 매매사례가액보다 우선하기 때문이다.

Tip　매매사례가액이 줄어들면 환급해줄까?

신고 후에 새로운 매매사례가액이 나타났는데 이 가액이 오히려 신고가액보다 줄어든 때도 있다. 그렇다면 이 경우 과세관청이 자발적으로 환급을 해줄까?
당연히 해주거나 경정청구의 기회를 주는 것이 옳다. 하지만 납세자에게 이러한 정보가 제대로 제공되고 있는지는 불확실해 보인다.

보충적 평가방법에 따른 재산평가

지금까지 살펴본 것과 같이 세법상 시가는 크게 매매사례가액, 감정가액 정도가 된다. 그렇다면 기준시가(또는 시가표준액)가 재산평가액으로 인정되는 경우와 이로 신고하는 경우 어떤 문제가 있을까? 다음에서 보충적 평가방법으로 재산을 평가하는 경우의 세무상 쟁점 등에 대해 알아보자.

1. 보충적 평가방법이란?

시가가 없는 경우 다음의 상증법 제61조~제66조까지의 보충적 평가방법으로 재산을 평가하는 것을 말한다.

- 상증법 제61조 부동산 등의 평가(기준시가, 임대료 환산가액으로 평가)
- 상증법 제62조 선박 등 그 밖의 유형재산 평가
- 상증법 제63조 유가증권 등의 평가
- 상증법 제64조 무체재산권의 평가
- 상증법 제65조 그 밖의 조건부 권리 등의 평가
- 상증법 제66조 저당권 등이 설정된 재산의 평가 특례

➔ 앞의 6개 조항이 세법상 시가가 없는 상황에서 보충적으로 평가하는 방법에 해당한다. 부동산의 경우에는 주로 상증법 제61조가 이에 해당하는데, 이 규정에서는 다음의 평가방법을 포함하고 있다.

• 토지와 건물 등에 대한 기준시가
• 임대차계약이 되어 있는 경우 임대료 환산가액*

* '임대보증금+연간 임대료/12%'로 평가하는 방법을 말한다.

➔ 보충적 평가방법으로 부동산을 평가하는 것은 잘못된 방법이 아니다. 시가가 없다면 이의 가액으로 신고할 수밖에 없기 때문이다. 하지만 주로 고액의 부동산을 기준시가로 신고하면 과세관청의 감정평가대상이 된다. 이는 상증세나 취득세를 기준시가(시가표준액)로 신고한 경우 과세관청이 감정평가를 통해 시가로 과세할 수 있는 제도를 말한다. 자세한 것은 뒤에서 살펴본다.

※ 과세관청의 감정평가사업 대상

구분	평가기준일 전 2년 이내	평가기간	평가기간 후~결정기한
상속세	×	×	○(신고기한 후 9개월)
증여세	×	×	○(6개월)
취득세	×	×	○(6개월)
양도세, 법인세 등	×	×	×(단, 양도세는 상증법 준용)

2. 적용 사례

사례를 들어 앞의 내용을 확인해보자.

자료

- 상업용 건물 : 기준시가 50억 원
- 시가 : 불분명
- 기타 내용은 무시하기로 함.

Q1. 해당 건물이 상속되는 경우 상속세와 취득세 과세표준은?

상속세는 시가 과세를 원칙으로 하므로 다음 중 큰 금액으로 평가하게 된다.

- Max[시가, 임대료 환산가액, 채권담보액, 기준시가]=50억 원

사례의 경우 주어진 정보는 기준시가밖에 없으므로 50억 원이 평가액이 된다. 한편 상속에 따른 부동산 취득세 과세표준은 시가표준액으로 한다. 따라서 이 경우에는 별도로 평가할 필요가 없다.

Q2. 사례의 경우 50억 원으로 상속세를 신고하면 과세관청은 이를 그대로 인정할까?

아니다. 시가와 기준시가의 차이가 5억 원 이상인 부동산에 대해서는 과세관청에서 감정평가를 받은 가액으로 신고가액을 경정할 수 있기 때문이다.

Q3. 만일 앞의 부동산의 기준시가가 1억 원이라면 이 역시 과세관청의 사후 평가대상이 될까?

이론적으로는 그렇다. 하지만 시가와 기준시가의 차이가 5억 원 이상이 나야 하므로 이 경우에는 감정평가대상이 되지 않아 보인다.

Tip 부동산에 대한 보충적 평가방법

부동산 유형	평가방식
토지	개별공시지가로 평가
주택	개별주택가격 및 공동주택가격으로 평가
일반건물	일반건물은 신축가격기준액·구조·용도·위치·신축연도·개별건물의 특성 등을 참작해서 매년 1회 이상 국세청장이 산정·고시하는 가액으로 평가
오피스텔 및 상업용 건물	국세청장이 지정하는 지역에 소재하면서 국세청장이 토지와 건물에 대해 일괄해서 산정·고시*한 가액이 있는 경우 그 고시한 가액으로 평가 (국세청장이 일괄해 산정·고시한 가액이 없는 경우에는 토지와 건물을 별도로 평가한 가액으로 평가) * 오피스텔 및 상업용 건물에 대한 기준시가 고시
임대차계약이 체결된 재산	평가기준일 현재 시가에 해당하는 가액이 없는 경우로서 사실상 임대차계약이 체결되거나, 임차권이 등기된 부동산일 경우 토지의 개별공시지가 및 건물의 기준시가와 1년간 임대료를 환산율(12%)로 나눈 금액에 임대보증금을 합계한 금액(토지와 건물의 기준시가로 안분한 금액을 말함)을 토지와 건물별로 비교해서 큰 금액으로 평가한 가액 ※ 임대차계약이 체결된 재산의 평가액=Max(보충적 평가가액*, 임대보증금 환산가액**) * 보충적 평가가액 : 토지의 개별공시지가 및 건물의 기준시가 ** 임대보증금 환산가액 : (임대보증금)+(1년간 임대료 합계액÷0.12)

평가심의위원회의
심의를 통한 시가평가

최근 평가심의위원회를 통해 부동산 시가를 확인하는 일들이 많아지고 있다. 그런데 이러한 일들이 많아진다는 것은 그만큼 납세자의 세 부담이 가중된다는 것을 의미한다. 이 제도는 과세관청이 적극적으로 시가를 밝혀내 과세하겠다는 것을 의미하기 때문이다. 특히 상속세나 증여세를 기준시가로 신고한 경우에는 국세청이 직접 감정평가를 받은 가액을 이 위원회를 통해 시가로 평가한 때도 있어 이래저래 주의할 필요가 있다. 다음에서 이에 대해 알아보자.

1. 평가심의위원회의 시가평가법

1) 평가심의위원회

평가심의위원회란 매매 등의 가액에 대한 시가 인정 여부, 비상장주식 가액의 평가 및 평가의 적정성 여부 등을 심의하기 위해 국세청, 각 지방국세청에 설치한 심의기구를 말한다. 국세청 소속 공무원 외에도 세무사, 공인회계사, 감정평가사 등 다양한 외부전문가 중에서 심의위원을 선발해서 신청된 심의안건에 대해 공정하고 적정하게 평가하고 있다.

2) 평가심의 대상 세목

상증법뿐만 아니라 타 세목 과세목적 또는 타 법령에 따른 재산평가에 있어 상증령 제49조의 규정을 준용하는 경우 평가심의위원회의 심의를 통해 재산의 평가를 할 수 있고, 심의 결과에 따라 상속세 및 증여세 등 세금 신고를 할 수 있다.

➔ 주로 상속세와 증여세(지방세는 취득세)에서 이 제도가 적용되고 있다. 물론 양도세 부당행위계산에서 시가를 파악할 때 이 제도가 적용될 수 있다.

3) 평가심의위원회 심의대상 기간

① 증여의 경우 : 평가기간(증여일 전 6개월 후 3개월)에 해당하지 아니하는 기간으로서 증여일 전 2년 이내의 기간과 평가기간이 경과한 후부터 증여세 신고기한 후 6개월까지의 기간*

* 지방세인 취득세도 이와 유사하다.

② 상속의 경우 : 평가기간(상속개시일 전후 6개월)에 해당하지 아니하는 기간으로서 상속개시일 전 2년 이내의 기간과 평가기간이 경과한 후부터 상속세 신고기한 후 9개월까지의 기간

4) 평가심의 제도 이용자

이 제도는 국세청 등이 주로 이용하지만, 납세자도 이용할 수 있다. 다만, 평가심의위원회의 평가심의를 받고자 하는 납세자는 상속세 과세표준 신고기한 만료 4개월 전(증여의 경우 증여세 과세표준 신고기한 만료 70일 전)까지 신청해야 한다. 한편 평가기간이 경과한 후부터 상속(증여)세 과세표준 신고기한 후 9(6)개월 기한까지의 기간에 매매 등이 있는 경우에는 해당 매매 등이 있는 날부터 6개월 이내에 납세지 관할 지방국세청장에게 신청해야 한다.

※ 평가심의위원회 심의 대상인 시가

구분	평가심의위원회 심의 대상인 시가	비고
1. 평가기간 내	해당 사항 없음.	
2. 평가기준일 전~2년(평가기간 제외)	매매사례가액, 감정가액 등	과세관청의 감정평가사업의 대상이 되지 않음(소급감정에 해당함).
3. 평가기간 후~결정기한*	매매사례가액, 감정가액 등	과세관청의 감정평가사업의 대상이 됨(소급감정에 해당하지 않음).

* 상속세는 신고기한 후 9개월, 증여세는 6개월을 말한다. 참고로 취득세의 경우에는 별도의 결정기한은 없으나 지방세심의위원회의 심의대상 기간을 취득세 신고·납부 만료일로부터 6개월을 두고 있다.

→ 평가심의위원회의 심의대상에는 국세청이 감정기관에 의뢰하는 감정가액도 포함된다. 이 내용은 상속세와 증여세 등의 시가평가에서 매우 중요한 위치를 차지하고 있는데 이에 대한 자세한 내용은 7장 절세탐구 3에서 살펴보기로 하자.

2. 적용 사례

사례를 통해 앞의 내용을 알아보자.

Q1. 상속세의 경우 시가평가 기간은 언제인가?

상속개시일 전후 6개월이다. 즉, 총 1년이 평가기간이다.

Q2. 상속 평가기준일 전 2년 이내에 매매사례가액이 있었다. 이 가액을 상속재산가액으로 포함할 수 있는가?

가능하다. 다만, 평가기간 내에 시가가 없어야 하고, 해당 가액에 대해서는 평가심의위원회의 심의를 받아야 한다는 전제가 있다.

Q3. Q2의 매매사례가액이 있는 상태에서 납세자가 기준시가로 신고한 경우 과세관청이 감정받은 가액이 있다면 어떤 가액을 심의할까?

이를 어떻게 적용할지는 평가심의위원회가 판단할 것으로 보인다. 상증법 제60조 제2항과 관련 규정에서는 평가기간 밖의 매매·감정가액을 시가로 인정할 수 있는 조건(가격변동의 특별한 사정이 없는 경우)을 제시하고 있을 뿐이기 때문이다.

Tip 평가기간 밖 시가 인정의 전제 조건

평가기준일 전 2년(평가기간 제외) 이내 또는 평가기간 이후의 매매가액이 시가로 인정되기 위해서는 가격변동의 특별한 사정이 없음을 증명해야 한다. 다음 사례로 알아보자(심사-증여-2024-0030, 2024. 11. 13 등 참조).

사례 평가심의위원회를 통해 매매가액 5억 원을 시가로 인정받는 경우

자료

- 평가기준일 : 2025년 1월 1일
- 평가기간 : 2024년 7월 1일 ~ 2025년 7월 1일(상속재산 기준)
- 매매가액 : 평가기준일 1년 6개월 전인 2023년 7월 1일에 5억 원으로 거래됨.

① 가격변동의 특별한 사정이 없어야 함.

2023년 7월 1일의 매매가액(5억 원)을 평가기간 밖의 시가로 인정받으려면, 평가기준일인 2025년 1월 1일 전후까지 특별한 가격변동 사정이 없었음을 입증해야 한다. 이를 확인하는 과정은 다음과 같다.

② 입증자료 준비

- 주변 거래사례 분석

평가기준일 전 2년부터 평가기준일까지 동일한 지역(또는 유사한 조건)의 동일 자산이나 유사한 자산이 거래된 사례를 수집

예) 동일 지역에서 비슷한 조건의 부동산이 4.8억 원~5.2억 원에 거래되었다는 자료

• 감정평가서 제출

감정평가사를 통해 2025년 1월 1일 시점의 해당 자산 감정가액이 5억 원과 유사하다는 평가를 받음.

• 주변 환경 변화 없음 확인

2023년 7월 1일 매매 당시와 비교해 평가기준일 전후까지 해당 자산의 용도, 접근성, 시장 환경, 경제 상황 등이 변하지 않았음을 증명

예) 해당 지역에 대규모 개발 계획이 없었고, 금리 변동이나 부동산 정책으로 인해 시장 가격이 변동된 사례가 없었음을 설명

③ 평가심의위원회의 검토

- 납세자 또는 과세관청이 평가심의위원회에 신청해서 위 입증자료를 기반으로 가격변동의 특별한 사정이 없음을 확인받음.
- 위원회는 자료를 검토해 해당 매매가액(5억 원)이 평가기준일 시점에도 유효한 시가인지 판단함.

절세탐구 국세법과 지방세법상 시가평가 제도의 비교

현행 시가 제도는 모든 세법에서 운용하고 있다. 그런데 세목별로 약간씩 차이가 있다. 다음에서는 주로 국세법과 지방세법으로 나눠서 이를 요약해보자.

1. 국세법

소득세, 법인세, 상증세 등은 국가에서 운영하는 세목에 해당한다. 이들 세목에서 시가를 적용하는 방식을 정리하면 다음과 같다. 참고로 시가 제도는 상증법을 모태로 하고 다른 법들은 이를 준용하는 식으로 운영되고 있다.

구분		상속세	증여세	양도세	법인세
개념		불특정다수인 사이에 자유롭게 거래가 이뤄질 때 통상적으로 성립된다고 인정되는 가액			
시가의 범위		매매사례가액, 감정가액 등 대통령령으로 정하는 바에 따라 시가로 인정되는 가액			해당 거래와 유사한 거래가액 →감정가액→기준시가 등
근거		상증법 60조, 상증령 49조, 상증령 49조의 2 등 적용		상증법 60조, 상증령 49조 등 준용	법령 89조(상증법 60조, 상증령 49조 등은 준용하지 않음)
시가의 평가기간	당해재산	상속개시일 전후 6개월	증여일 전 6개월~후 3개월	양도일(취득일) 전후 3개월	-
	유사재산	상속개시일 전 6개월~평가기간 내 신고일	증여일 전 6개월~평가기간 내 신고일		-

구분	상속세	증여세	양도세	법인세
평가심의위원회 심의평가 제도	상속개시일 전 2년~신고기한 후 9개월(평가기간 제외)	증여일 전 2년~신고기한 후 6개월(평가기간 제외)	(상증법 준용. 저자 의견)	-

위 표의 내용을 정리하면 다음과 같다.

첫째, 상증법상 시가는 다음과 같이 3단계로 측정한다.

- 1단계 : 평가기간 내 당해 재산에 대해 시가를 측정한다.
- 2단계 : 평가기간 내 유사재산에 대해 시가를 측정한다.
- 3단계 : 평가기간 밖 평가심의위원회를 통해 시가를 측정한다.

둘째, 소득세법상 양도세 부당행위계산 시 시가는 상증법과 같다. 다만, 평가기간은 양도일 또는 취득일 전후 3개월로 한다.

셋째, 법인세법상 부당행위계산 시 시가는 상증법 및 소득세법과는 다른 방식으로 측정한다.

- 1단계 : 해당 거래와 유사한 거래가액을 시가로 한다(평가기간 같은 개념이 없다).
- 2단계 : 시가가 불분명한 경우 '감정가액→기준시가 등'으로 시가를 측정한다.

법인세(또는 종합소득세)상 부당행위계산 적용 시 시가는 상증법을 준용하지 않으므로 다소 추상적으로 되어 있다. 하지만 시가입증을 두고 세무간섭이 심해질 수 있으므로, 가급적 감정평가를 통해 시가입증에 대비하는 것이 좋을 것으로 보인다.

2. 지방세법

지방세법상 시가측정은 취득세(무상취득이나 유상취득 중 부당행위) 과세에서 필요한데, 이는 앞에서 본 상증법에서 그 원리를 차용하고 있으나 일부에서 차이가 나고 있다. 일단 이 둘을 표로 비교하면 다음과 같다.

구분		국세법(상속·증여세)	지방세법(취득세)
명칭		시가	시가인정액
개념		불특정다수인 사이에 자유롭게 거래가 이뤄질 때 통상적으로 성립된다고 인정되는 가액	좌동
시가의 범위		매매사례가액, 감정가액 등 대통령령으로 정하는 바에 따라 시가로 인정되는 가액	좌동
시가의 평가기간	당해재산	· 상속 : 상속개시일 전후 6개월 · 증여 : 증여일 전 6개월~후 3개월	취득일 전 6개월~취득일 이후 3개월
	유사재산	· 상속 : 상속개시일 전 6개월~평가기간 내 신고일 · 증여 : 증여일 전 6개월~평가기간 내 신고일	취득일 전 1년~신고·납부기한의 만료일*
평가심의위원회 심의평가 제도		· 상속 : 상속개시일 전 2년~신고기한 후 9개월 · 증여 : 증여일 전 2년~신고기한 후 6개월	취득일 전 2년~신고·납부만료일로부터 6개월(유사재산은 신고·납부만료일)

* 상증법상의 내용과 차이가 나고 있음에 유의하기 바란다.

앞의 내용을 요약하면 다음과 같다.

첫째, 지방세법상 시가도 다음과 같이 3단계로 측정한다.

- 1단계 : 평가기간 내 당해 재산에 대해 시가를 측정한다.
- 2단계 : 평가기간 내 유사재산에 대해 시가를 측정한다.
- 3단계 : 평가기간 밖 지방세심의위원회를 통해 시가를 측정한다.

둘째, 당해 재산에 대한 평가기간은 국세법상의 증여와 같다.

셋째, 유사재산에 대한 평가기간은 국세법상의 상속 또는 증여와 차이가 나고 있다.

Tip 시가평가 오류에 따른 가산세

시가평가에서 오류가 발생하면 과소신고가 되는 한편, 세액 일부를 미납하는 결과를 낳게 된다. 이 경우 가산세의 문제가 발생하는데 평가오류에 대한 가산세는 달리 적용할 필요가 있다. 다음에서 이를 정리해보자.

구분		신고불성실가산세	납부지연가산세
상증법	신고기한 후 시가확인에 따른 결정	×	○
	평가심의위원회 심의가액으로 경정	×	× (국기법 47조의 4)
지방세법	신고기한 후 시가확인에 따른 결정	명시적인 규정 없음.*	
	평가심의위원회 심의가액으로 경정		

* 신고기한 후 시가확인이 된 경우에는 상증법처럼 가산세를 부과하지 않아야 할 것으로 판단됨(저자 의견으로 실무 적용 시에는 유권해석 등으로 확인하기 바람).

제3장

감정평가가 대세가 된 이유

최근 감정평가를 많이 하는 이유

감정평가(鑑定評價)는 토지, 건물, 동산, 유가증권 등 다양한 재산의 경제적 가치를 공정하고 객관적으로 평가하는 과정을 의미한다. 감정평가는 주로 부동산과 관련된 경우가 많으며, 시장에서 거래되는 가격뿐만 아니라 법적, 행정적 목적으로도 활용된다. 그렇다면 세금에서는 왜 감정평가의 쓰임새가 늘어나는 것일까?

첫째, 시가 개념에 부합하기 때문이다.

현행 세법 중 재산세제에서는 대부분 시가를 과세원칙으로 하고 있다. 시가 과세가 공정한 과세를 위한 필수 불가결한 조건이라고 보고 있기 때문이다. 그런데 여기서 시가는 시장에서 거래되는 가격을 말하나, 가족 간의 매매나 상속이나 증여 등의 경우에는 시가를 알기가 힘들다. 그래서 자산의 공정한 가치를 평가한 가액(감정가액)으로 이를 대신한 경우가 많다.

➔ 재산과 관련된 세목에는 취득세, 양도세, 상속세와 증여세 등이 대표적이다. 이중 취득세와 양도세는 주로 가족 간 매매할 때, 상속세와 증여세는 신고할

때 시가 과세를 원칙으로 한다.

둘째, 세금 신고의 적합성을 평가하는 잣대로 사용하기 때문이다.

납세자가 취득세나 상속세 또는 증여세 등을 신고한 경우 세법상의 시가에 맞게 신고했는지 검증할 때 감정가액이 동원되는 경우가 많다.

➔ 최근에는 상증세를 필두로 해, 취득세와 양도세 등에서도 납세자가 신고한 가액과 과세관청이 자체적으로 준비한 감정가액을 비교해서 이를 기준으로 과세하는 방식으로 전개되고 있다. 특히 가족 간 조세 회피 거래를 방지하기 위한 일환으로 자주 등장하고 있다.

셋째, 안분기준으로 사용하는 때도 많기 때문이다.

현행 세법 중 부가세와 양도세 등에서는 과세대상을 2개 이상으로 안분하는 경우가 많다. 과세대상을 구분해서 과세방식이나 세율 등을 달리 적용하기 위해서다. 이때 안분하는 기준으로 통상 기준시가(또는 시가표준액)를 사용하지만, 감정가액을 사용하는 것이 더 나은 경우도 많다.

➔ 토지와 건물을 일괄공급하는 경우 부가세와 양도세 등은 토지와 건물의 가액을 구분해서 과세하는 것이 원칙이다. 이때 기준시가나 감정평가의 비율로 안분하는 것이 일반적이다.

넷째, 세무조사 등의 위험을 미리 방지할 수 있기 때문이다.

상속세나 증여세 등을 기준시가 등 보충적 평가방법으로 신고하는 경우, 신고내용을 확인하기 위해 사후검증이나 세무조사를 진행하게 된다. 그런데 감정가액으로 신고하는 경우에는 이러한 위험이 예방된다. 자세한 것은 다음의 Tip을 참조하기 바란다.

다섯째, 세법 외의 목적으로도 감정가액이 사용되는 경우가 많다.

예를 들어 상속재산분배, 이혼 시 재산 분할, 채권 회수, 분할, 자산재평가, 법인 청산이나 파산, 토지 수용, 현물출자, 공익사업 등에서 보상금을 정할 때 감정가액이 기준이 된다.

Tip 상속세 신고 등에 따른 과세관청의 사후검증과 세무조사의 비교

구분	사후검증	세무조사
목적	신고내용의 형식적 오류나 명백한 탈루 가능성 검토	중대한 탈세나 고의적 오류를 적발하고 추가 세금 부과
검토 범위	특정 항목(예 : 자산 평가, 공제 내역 등)에 대한 부분적인 검토	신고내용 전반 및 관련자의 광범위한 재산, 소득, 금융자료까지 조사
진행 방식	· 전산 시스템 활용 · 서면 요청으로 보완자료 제출 요구	· 현장 방문 및 장부 열람 · 심층적인 자료 조사와 관계인 면담
결과 처리	· 이상 없으면 종료 · 문제가 확인되면 추가 납부 요청 또는 세무조사 전환	· 신고내용 수정 요구 · 추가 세금 부과 및 법적 조치 가능
특징	· 간단한 검토 절차로 납세자 부담이 적음. · 짧은 기간 내 진행	· 심층적 조사로 납세자 부담이 큼. · 조사 기간이 비교적 길어질 수 있음.
법적 권한 사용	비교적 제한적으로 사용 (자료 비교 위주)	강제적인 권한 행사 가능 (자료 강제 제출, 면담 요구 등)

감정평가의 장점 1:
세법상 시가로서의 안정성이 높다

세법상 시가는 크게 매매사례가액과 감정가액으로 구분된다고 해도 과언이 아니다. 그런데 이 중 매매사례가액을 시가로 삼기에는 부족함이 있다. 매매사례가액으로 신고했더라도 그 가액이 시가로 최종 확정된다는 보장이 없기 때문이다. 그래서 실무상 감정가액이 선호되는 경우가 많다. 다음에서 이에 대해 알아보자.

1. 불완전한 매매사례가액 극복을 위한 감정평가 활용법

매매사례가액으로 상속세 등을 신고하는 것은 불완전한 신고가 되어, 납세자가 이를 이용하는 것은 한계가 있다. 이때 이에 대한 대안의 하나가 바로 해당 재산에 대해 감정평가를 받는 것이다. 해당 재산에 대한 감정가액 등이 있는 경우에는 유사재산에 대한 매매사례가액 등을 적용하지 않기 때문이다(이에 대한 근거는 상증령 제49조 제2항 단서에 있다).

※ 매매사례가액의 치명적인 단점

- 국토교통부 매매사례가액의 경우 요건에 맞는 매매사례가액인지를 확인하기가 힘들다.
- 국세청 홈택스상의 매매사례가액으로 신고하더라도 가액이 바뀔 가능성이 있다.*

* 국세청 홈택스상의 매매사례가액은 세법상의 요건에 맞게 적용 순서를 알려주나, 이 가액도 치명적인 단점이 있다. 국토교통부의 매매사례가액 정보처럼 신고 후에 새로운 매매사례가액이 나올 가능성이 있기 때문이다.

2. 적용 사례

사례를 통해 앞의 내용을 확인해보자. K 씨는 국세청 홈택스에서 제공한 시가 정보를 활용해 상속세 신고를 마쳤다. 다음 자료를 보고 물음에 답해보자.

자료

- 상속개시일 : 2025년 1월 30일
- 아파트 매매사례가액 적용 1순위 : 5억 원(2025년 2월 5일 계약)

Q1. 상속세 신고기한과 결정기한은 언제인가?

2025년 1월 30일이 속하는 달의 말일로부터 6개월인 7월 31일이 신고기한이다. 한편 상속세에 대한 과세관청의 결정기한은 이로부터 9개월인 2026년 4월 30일이다.

Q2. 해당 가액으로 상속세 신고를 해도 문제는 없는가?

그렇다. 해당 정보가 최선이기 때문이다.

Q3. 납세자는 상속세 신고를 2025년 7월 중에 했다. 그런데 신고 당시 국세청 홈택스상에서는 알지 못했던 매매사례가액이 발견되었다. 이때의 가격은 10억 원이다. 이 금액으로 과세가 될 수 있는가?

그렇다.

Q4. Q3의 결과로 납세자가 받을 불이익은?

매매사례가액이 수정되면 다음과 같은 불이익이 뒤따른다.

- 상속세 등 본세의 증가
- 신고불성실가산세는 면책
- 납부지연가산세는 면책되지 않음.

Q5. 위와 같은 문제점을 없애기 위해서는 어떻게 해야 할까?

신고 전이라면 감정평가를 받는 것을 검토해볼 수 있다. 신고 후라면 불복 등을 검토한다.

Tip 감정평가의 단점

감정평가가 항상 좋은 것만은 아니다. 다음과 같은 단점이 있기 때문이다.

- 감정가액이 오히려 세 부담을 늘릴 수 있다.→과세관청의 감정평가사업을 높게 평가해 기준시가로 신고할 수 있는 경우까지 자발적으로 감정평가를 받는 경우가 많기 때문이다.
- 감정가액이 실제 거래가액을 반영하지 못한 경우가 있다.→주변의 시세 등을 고려해 감정평가를 하는 경우가 있기 때문이다.
- 시장 변동 반영이 어렵다.→감정평가는 일정 시점의 시장을 기준으로 평가되기 때문에 감정평가 이후 시장이 급격히 하락했을 경우 감정가액이 지나치게 높을 수 있다.
- 비용과 시간이 소요된다.→복잡한 자산의 경우 평가가 길어질 수 있어 실무에서 비용과 시간 측면에서 부담이 될 수 있다.

감정평가의 장점 2 : 부당행위에 대한 리스크를 감소시킨다

부동산을 거래하면 당사자에게 취득세와 양도세가 부과되는 것이 원칙이다. 그런데 가족 간의 거래는 가격에 대해 담합이 가능하다. 물론 조세 부담을 줄이기 위한 목적에서다. 하지만 이러한 행위를 방치하면 공정과세와 멀어지게 된다. 그래서 세법은 시가와 대비해 거래가액이 높거나 낮은 경우에는 부당행위계산 등의 제도를 적용한다. 이때 시가는 매매사례가액이나 감정가액이 될 텐데, 매매사례가액은 유동적이므로 시가로 삼기가 힘들다. 그래서 이러한 상황에서는 감정가액이 도드라진다. 이 가액은 전문가가 평가한 것에 해당하기 때문이다. 다음에서는 가족 간의 거래 시 감정평가와의 관련성을 알아보자.

1. 지방세법과 소득세법상 부당행위계산

특수관계인 간에 부동산을 저가나 고가로 거래하면 부당행위계산제도 등이 적용된다. 이때 발생하는 세목은 크게 취득세, 양도세, 증여세 등이 된다. 다음에서는 저가로 매매하는 경우를 예로 들어 보자.

1) 취득세

지방세법에서 정하는 시가보다 거래가액이 5% 이상 낮거나 시가와 거래가액의 차액이 3억 원 이상 난 경우에는 시가인정액으로 취득세를 과세한다(지방세법 제10조의 3 제2항). 이때 시가인정액은 다음과 같다.

- 평가기간 내의 매매사례가액, 감정가액, 수용가액, 경매가격 등
- 평가기간 밖의 매매사례가액, 감정가액, 수용가액, 경매가격 등

참고로 취득세 부당행위계산은 고가취득에는 적용하지 않는다. 세 부담이 감소하지 않았기 때문이다.

2) 양도세

소득세법상 부당행위계산 규정도 앞의 취득세와 같은 형식으로 되어 있다. 다만, 몇 가지 차이가 나는 부분이 있다.

※ 취득세와 양도세 부당행위계산 비교

구분	취득세	양도세
시가의 개념	평가기간 내, 평가기간 밖의 매매사례가액 등	좌동 (단, 평가기간은 차이가 있음*)
저가 매매 부당행위계산	적용	좌동
고가 매매 부당행위계산	적용하지 않음.	적용(고가 매수자에 대해 적용)**

* 취득세는 취득일 전 6개월~취득일 후 3개월이 평가기간이나, 양도세는 양도일 전후 3개월이 평가기간이다.

** 고가 양도자의 양도가액은 '고가 양도가액-증여재산가액'으로 수정하는 한편, 고가 매수자에 대해서는 부당행위계산을 적용해 향후 양도세 계산 시의 취득가액은 시가로 수정한다.

➔ 참고로 상증법상 증여이익(30%, 3억 원 기준)이 발생하면 저가 취득자나 고가 양도자에게 증여세가 발생할 수 있다.

2. 특수관계인 간 거래 시 감정평가 활용법

특수관계인 간에 거래 시 감정평가를 받아 시가 입증에 대비하는 것이 좋다. 다음의 절차를 참조하자.

첫째, 유사거래가 많은 아파트 등은 탁상감정을 받는다.

둘째, 탁상감정가액이 타당성이 있으면 정식감정을 받는다.*

* 감정평가개수는 2개(10억 원 이하는 1개)를 받는다.

셋째, 정식으로 받은 감정가액을 기준으로 거래가액을 정한다. 거래가액은 소득세법상 부당행위(5%, 3억 원)와 상증법상 증여규정(30%, 3억 원)의 기준을 감안해서 책정한다. 참고로 이때 감정가액이 다른 감정기관이 받은 가액의 80% 미만이 되면 해당 감정가액은 시가로 인정받지 못할 수 있으므로 이러한 점에도 관심을 두도록 한다.

3. 적용 사례

사례를 통해 앞의 내용을 확인해보자.

자료

- 매매대상 부동산 : 아파트
- 시가에 대한 정보 : 매매사례가액 있음(4~8억 원).
- 탁상감정가액 : 4억 원

Q1. 이 사례에서 세법상 시가는 어떻게 되는가?

자료상의 매매사례가액이 시가에 해당할 수 있다. 그런데 사례의 매매사례가액은 다양하게 제시되어 있으므로, 이 중 어떤 가액이 시가에 해당하는지의 여부는 별도로 확인해야 한다. 이에 대한 내용은 2장, 7장 등에서 확인할 수 있다.

Q2. 만일 매매사례가액 중 하나가 4억 원이라고 보고 이 금액에 맞춰 거래가액을 정하면 어떤 문제가 있는가?

제시된 세법에서 일정한 절차에 따라 파악된 시가와 5% 이내에서 차이가 나면 해당 거래금액을 부인할 수 없게 된다. 하지만 거래가액이 이를 벗어나면 해당 거래는 부당행위에 해당할 수 있다.

Q3. 만일 매매사례가액 중 8억 원이 세법상 시가에 해당한다고 하자. 이 상태에서 4억 원에 거래한 경우 예상되는 세무상 쟁점은?

해당 거래금액이 시가의 5% 이상 차이가 나므로 취득세와 양도세가 다음과 같이 추징될 수 있다.

① 취득세

- 취득세 추징 : 8억 원과 4억 원의 차이에 대해 취득세가 추징된다.
- 가산세 발생 : 위 차액에 대한 취득세 추징에 따른 신고불성실가산세와 납부지연가산세의 문제가 발생할 수 있다.

※ 지방세법 제21조

③ 제1항에도 불구하고 납세의무자가 제20조에 따른 신고기한까지 취득세를 시가인정액으로 신고한 후 지방자치단체의 장이 세액을 경정하기 전에 그 시가인정액을 수정 신고한 경우에는 지방세기본법 제53조 및 제54조에 따른 가산세를 부과하지 아니한다.

→ 취득세의 경우 다음 양도세처럼 가산세를 적용하는 것이 타당해 보인다. 유권해석을 통해 이를 확인하기 바란다.

② 양도세

- 양도세 추징 : 8억 원과 4억 원의 차액에 대해서는 양도세가 추징된다(단, 비과세가 적용되는 경우에는 추징하지 않음).
- 가산세 발생 : 매매사례가액 오류로 양도세가 추징된 경우 신고불성실가산세는 부과되지 않으나, 납부지연가산세는 부과된다.

③ 증여세

- 증여세 발생 : 8억 원과 4억 원의 차이에 대해 증여세가 발생한다.
- 가산세 발생 : 앞의 양도세와 같다.

Q4. Q3와 같은 상황을 예방하기 위해서는 어떻게 해야 할까?

매매사례가액을 기준으로 거래가액을 정하는 것은 세무 리스크를 가중하는 결과가 된다. 즉, 사례의 경우 가장 낮은 매매사례가액은 4억 원 정도가 되는데, 가장 높은 매매사례가액은 8억 원이 된다. 그런데 문제는 운이 좋지 않으면 Q3처럼 매매사례가액이 8억 원이 될 수 있다는 것이다. 따라서 이러한 상황에서는 감정평가를 받은 가액을 시가로 삼고 이의 기준으로 거래가액을 정하면 될 것으로 보인다.

감정평가의 장점 3 :
안분계산 시 활용도가 높다

각종 세법을 적용할 때 과세대상 등을 안분해야 할 때가 많다. 과세대상에 따라 과세표준 계산이나 세율 적용 등의 범위가 달라지기 때문이다. 그런데 안분기준은 대부분 정부에서 정한 공시가격(기준시가나 시가표준액)으로 사용하는 경우가 일반적이다. 하지만 감정가액이 있다면 이 가액이 우선 적용된다. 따라서 감정가액은 기준시가로 안분하는 경우보다 유리할 때 선택할 수 있는 수단이 된다.

1. 세목별 안분기준

세목별로 안분기준을 대략 알아보면 다음과 같다. 자세한 것은 뒤에서 살펴보자.

1) 취득세

토지와 건물을 일괄취득할 때 안분이 필요하다. 이에 대해 지방세법 시행령 제19조에서는 시가표준액 비율로 나눈 금액을 각각의 취득 당시의 가액으로 하도록 하고 있다.

→ 취득세의 경우 부동산 가액이 구분되지 않았다면 시가표준액으로 안분하면 된다. 따라서 감정가액의 의미는 없다.

2) 부가세

부동산의 일괄취득이나 양도 시 부가세가 발생할 수 있는데 이때 안분이 필요하다. 건물에 대해서만 부가세가 발생하기 때문이다. 부가법상 안분기준은 국세법에서 다양하게 준용하므로 이 부분을 잘 알아둬야 한다.

① 건물 가액과 토지 가액의 구분이 되어 있는 경우

매매계약서 등에 기재된 건물 등의 실제거래가액을 공급가액으로 한다.

② 건물 가액과 토지 가액이 구분되지 않거나 불분명한 경우

건물과 토지의 가액이 구분되지 않았거나, 구분되었지만 기준시가 비율로 안분하는 것에 비해 30% 이상 차이가 나는 경우*에는 구분이 불분명한 경우로 보아 다음의 기준을 사용해서 안분한다.

* 다른 법령에서 정하는 바에 따라 가액을 구분한 경우와 토지만을 사용하기 위해 구분한 경우 등은 이 규정을 적용하지 않는다(즉, 계약서에 정해진 금액을 인정한다).

- 감정가액이 있으면 감정가액으로 안분하고, 감정가액이 없으면 기준시가로 안분한다(감정가액이 우선함을 알 수 있다).

3) 양도세

앞의 부가세와 같다(소득세법 제100조 제2항).

2. 적용 사례

K 씨는 이번에 일반과세자로부터 기존상가를 다음과 같이 매수하는 계약을 체결했다. 매매계약서상에는 '부가세는 매수자가 부담한다'라고 되어 있다.

자료

구분	매매가액	기준시가
토지 가액	6억 원	토지기준시가 : 2억 원
건물 가액		건물기준시가 : 1억 원
부가세	?	-

Q1. 이 경우 부가세는 얼마인가?

부가세를 매수자가 부담해야 하는 조건이다. 따라서 위 매매가액 6억 원에는 부가세가 포함되어 있지 않다. 이러한 일괄공급 상황에서는 '감정평가→기준시가' 비율 순으로 안분계산해야 한다. 사례의 경우 기준시가로 안분 계산한다.

매매가액	공급가액 구분
6억 원	· 토지공급가액=6억 원×(2억 원/3억 원)=4억 원
	· 건물공급가액=6억 원×(1억 원/3억 원)=2억 원

부가세는 건물분에서 발생하므로 2,000만 원이 부가세가 된다. 그 결과 총거래가액은 6억 2,000만 원이 된다.

Q2. 만일 앞의 건물에 대해 감정평가를 받았다고 하자. 토지의 감정가액은 5억 원, 건물의 감정가액은 1억 원이라면 앞의 부가세는 얼마로 줄어들까?

감정가액이 있다면 이 금액으로 안분하는 것이 우선이므로 공급가액은 다음과 같이 구분할 수 있다.

매매가액	공급가액 구분
6억 원	· 토지공급가액=6억 원×(5억 원/6억 원)=5억 원
	· 건물공급가액=6억 원×(1억 원/6억 원)=1억 원

이렇게 감정가액을 기준으로 안분하면 건물공급가액이 줄어들어 부가세도 덩달아 줄어들게 된다. 따라서 부가세는 1,000만 원이고, 총거래가액은 6억 1,000만 원이 된다.

Q3. 감정평가로 안분하는 것이 실익이 있는 상황은?

거래 상대방이 부가세를 환급받지 못하는 상황에서 건물에 대한 부가세를 줄일 수 있는 경우로서 다음의 경우가 이에 해당한다.

- 매수자가 면세사업자에 해당하는 경우
- 매수자가 철거 후 토지로 사용하고자 하는 경우
- 매수자가 간이과세자에 해당하는 경우
- 매수자가 비영리사업자에 해당하는 경우
- 매수자가 비사업자에 해당하는 경우 등

➔ 이에 대한 자세한 내용은 5장을 참조하기 바란다.

감정평가의 장점 4 :
자산재평가에 적합하다

감정가액의 마지막 장점은 자산재평가의 기능이 탁월하다는 것이다. 예를 들어 오래전에 보유한 재산을 현재의 시가로 평가하기 위해서는 사실상 감정평가밖에 없다. 그렇다면 왜 수수료를 지급하면서까지 감정평가를 할까? 다음에서 이에 대해 알아보자.

1. 자산재평가의 목적

보유한 재산을 재평가하는 목적을 개인과 법인(개인사업자 포함)으로 구분해서 대략 살펴보자.

1) 개인

- 재산분배(상속재산 분할, 이혼 분할 등)를 위한 기준으로 삼기 위해
- 양도세 계산 시 취득가액을 올리기 위해
- 재산의 시장가치를 명확히 해서 부동산거래 시 참고자료로 활용하기 위해
- 향후 증여·상속 시 증여세 및 상속세 과세기준으로 활용하기 위해

2) 법인(개인사업자 포함)

- 대출을 받기 위해
- 재무구조를 개선하기 위해
- 자산을 담보로 제공하거나 자산 매각 시 가격의 공정성을 확보하기 위해

2. 적용 사례

K 씨의 재산 현황은 다음과 같다.

자료

- 3년 전에 5억 원 상당액의 상가를 배우자에게 증여함.
- 위 상가는 K 씨가 10년 전 1억 원에 구입한 것임.

Q1. K 씨가 향후 7년 이내에 사망한 경우 앞의 사전증여재산가액은 상속재산가액에 합산되는가?

그렇다. 사전증여 후 10년(상속인 외는 5년) 이내에 상속이 발생하면 사전증여재산가액을 상속재산가액에 합산해 상속세로 정산한다.

Q2. 만일 K 씨의 배우자가 오늘 2억 원을 추가로 증여받으면 증여세는 어떻게 계산되는가?

동일인으로부터 증여를 여러 차례 받으면 역시 10년간 합산해 증여세를 정산한다. 사례의 경우에는 증여재산액이 7억 원이 되고, 여기에서 배우자 간 증여재산공제 6억 원을 차감하면 과세표준이 1억 원이 되며, 이에 10%의 세율을 곱하면 1,000만 원 정도의 증여세가 예상된다.

Q3. 만일 앞의 상가를 배우자가 증여받은 후 10년 이내에 양도하면 어떤 제도가 적용될까?

이 경우에는 취득가액 이월과세가 적용된다. 이 제도는 양도세가 과세되는 상황에서 증여로 받은 부동산 등을 10년(2022년 이전 증여분은 5년) 이내에 양도하면 취득가액을 증여 당시의 가액(사례는 5억 원)이 아닌 증여자가 구입한 가액(사례는 1억 원)을 이월시켜 과세하는 제도를 말한다.

Tip 상속세 신고와 취득가액

상속재산 중 부동산이 있는 경우 이를 평가기간 내에 매매하거나 감정평가를 받아 상속세를 신고하면 해당 금액이 양도 시 취득가액이 된다.

- 만일 평가기간 내에 상속재산을 양도하는 경우→상속개시일로부터 6개월 이내에 부동산을 양도하면 해당 양도가액이 상속재산가액이 되며, 이 금액이 상속에 따른 취득가액이 된다. 따라서 이 경우에는 양도가액과 취득가액이 같아지므로 양도세가 발생하지 않는다.*

  * 그 대신 상속세가 늘어날 수 있다.

- 만일 평가기간 내에 감정평가를 받은 경우→해당 감정가액이 상속재산가액이 되며, 향후 해당 부동산을 양도 시 신고가액이 취득가액이 된다.

절세탐구 세목별 감정평가 사용 용도

앞에서와 같이 감정가액의 쓰임새가 상당히 많아지고 있다. 그런데 알다시피 현행 세법은 세목별로 존재하므로 각 세법에서 감정가액을 어떤 용도로 사용하는지를 알아둘 필요가 있다. 그래야 세목별로 절세 방법을 찾을 수 있기 때문이다. 다음에서 이에 대해 알아보자.

1. 취득세

1) 취득세 시가 과세

제3자 간의 유상거래는 실제거래가액을 기준으로 과세하므로 감정평가가 개입할 여지가 없다. 다만, 증여취득의 경우에는 시가 과세가 원칙이므로 감정가액이 사용될 수 있다.

2) 취득세 부당행위계산

특수관계인 간에 거래가액이 불분명한 경우 시가를 입증하기 위해 감정가액이 사용될 수 있다.

3) 취득세 과세대상 안분계산

토지와 건물에 대한 취득세 과세를 위해 안분이 필요한 경우 시가표준액을 사용하므로 감정가액이 개입될 여지는 없다.

2. 부가세

1) 부가세 시가 과세

제3자 간의 유상거래는 실제거래가액을 기준으로 과세하므로 감정평가가 개입할 여지가 없다.

2) 부가세 부당행위계산

특수관계인 간에 거래가액이 불분명한 경우 시가를 입증하기 위해 감정가액이 사용될 수 있다(부가령 제62조).

3) 부가세 과세대상 안분계산

토지와 건물에 대한 과세와 면제 대상을 구분하기 위해 감정가액을 먼저 사용한다.*

* 만일 감정가액이 없다면 기준시가 등을 순차적으로 적용한다.

3. 임대소득세

임대소득세에서 주로 특수관계인 간의 임대차계약 시 시가인 임대료가 없는 경우에 감정가액이 사용되는 경우가 많다.

4. 양도세

1) 양도세 시가 과세

제3자 간의 유상거래는 실제거래가액을 기준으로 과세하므로 감정평가가 개입할 여지가 없다.

2) 양도세 부당행위계산

특수관계인 간에 거래가액이 불분명한 경우 시가를 입증하기 위해 감정가액이 사용될 수 있다.

3) 양도세 과세대상 안분계산

토지와 건물에 대한 양도세 과세를 위해 안분이 필요한 경우 감정가액을 사용할 수 있다. 감정가액이 없으면 기준시가로 안분한다.

5. 상증세

1) 상증세 시가 과세

상증세는 시가 과세를 원칙으로 하므로 감정평가가 개입할 여지가 상당히 많다.

2) 상증세 부당행위계산

상증세는 부당행위계산에 대해 정하고 있지 않다. 그 대신 취득세나 양도세 등에서 이에 대해 정하고 있다.

3) 상증세 과세대상 안분계산

상증세를 과세하면서 재산가액의 구분이 불분명한 경우 감정가액을 사용할 수 있다. 감정가액이 없으면 기준시가, 장부가액, 취득가액의 순으로 구분한다(상증세 집행기준 60-49-10).

6. 법인세

법인세의 경우 부당행위판정 시 법인세법 시행령 제89조에서 정하고 있는 시가로 평가하되, 시가가 불분명한 경우 감정가액 등으로 평가하도록 하고 있다. 참고로 법인세법상 시가평가는 상증법과 차이가 있다. 예를 들어 법인세법에서는 매매사례가액에 대한 평가기간이 별도로 없다. 이로 인해 특수관계인 간의 거래 시에는 대부분 감정평가를 받는 경우가 많다.

Tip 세무 실무에서 감정가액이 많이 사용되는 경우

- 상속세나 증여세를 신고할 때
- 가족 간 거래 시 시가를 참고하고 싶을 때
- 건물에 대한 부가세를 줄이고 싶을 때
- 양도 시 취득가액을 올리고 싶을 때
- 토지와 건물, 영업권 등을 구분해 양도세를 신고할 때
- 자산재평가를 하거나 현물출자 등으로 법인전환을 할 때 등

제4장

감정평가로 취득세를 줄이는 방법

취득세와
과세기준

이제 앞에서 살펴본 내용을 토대로 부동산 세목별로 시가평가는 어떻게 하는지, 그리고 시가 중의 하나인 감정가액이 어떤 식으로 연관되는지 등을 순차적으로 알아보자. 먼저 취득세부터 알아보자.

1. 취득세와 과세기준

1) 취득세 개념

취득세는 부동산의 취득*에 대해 일정한 세율**로 과세하는 지방세에 해당한다.

* 취득이란 매매, 교환, 상속, 증여, 기부, 법인에 대한 현물출자, 건축, 공유수면의 매립, 간척에 의한 토지의 조성 등과 그 밖에 이와 유사한 취득으로서 원시취득, 승계취득 또는 유상·무상의 모든 취득을 말한다.

** 기본 세율은 4%이며, 주택의 경우 1~12%까지 적용되고 있다.

2) 취득세 과세표준

취득세 과세표준은 원칙적으로 취득 당시의 가액으로 한다. 이때 취득유형에 따라 다음과 같이 구분한다.

① 무상취득

부동산 등을 무상취득하는 경우 취득 당시의 가액은 시가인정액을 말한다. 이는 매매사례가액, 감정가액, 공매가액 등 대통령령으로 정하는 바에 따라 시가로 인정되는 가액을 말한다. 한편 다음 각 호의 경우에는 해당 호에서 정하는 가액을 취득당시가액으로 한다.

1. 상속에 따른 무상취득의 경우 : 제4조에 따른 시가표준액
2. 대통령령으로 정하는 가액(시가표준액 1억 원) 이하의 부동산 등을 무상취득(제1호의 경우는 제외한다)하는 경우 : 시가인정액과 시가표준액 중에서 납세자가 정하는 가액
3. 제1호 및 제2호에 해당하지 아니하는 경우 : 시가인정액으로 하되, 시가인정액을 산정하기 어려운 경우에는 시가표준액

② 유상 승계취득

유상거래에 따른 취득세 과세표준은 사실상의 취득가격으로 한다. 이는 해당 물건을 취득하기 위해 거래 상대방 또는 제3자에게 지급했거나 지급해야 할 직접비용 등을 말한다(단, 부가세 등 제외). 다만, 지방자치단체의 장은 특수관계인 간의 거래로 그 취득에 대한 조세 부담을 부당하게 감소시키는 행위 또는 계산한 것으로 인정되는 경우(부당행위계산)에는 앞의 내용에도 불구하고 시가인정액을 취득당시가액으로 결정할 수 있다.

③ 원시취득

부동산 등을 원시취득하는 경우 취득당시가액은 사실상 취득가격으로 하되, 개인(법인은 제외)에 한해 이를 확인할 수 없는 경우의 취득당시가액은 시가표준액으로 한다(지방세법 제10조의 4 제2항).

※ 취득의 유형과 취득세 과세표준의 관계 요약

구분	원칙	예외
무상취득	시가인정액*	상속, 1억 원 이하 증여는 시가표준액
유상 승계취득	사실상의 취득가격	부당행위계산 적용 시는 시가인정액*
원시취득	사실상의 취득가격	사실상 취득가격을 확인할 수 없는 경우는 시가표준액(단, 개인에 한함)

* 취득세에서 시가인정액의 개념이 등장한 곳은 무상취득 중 증여취득과 유상 승계취득 중 부당행위계산 등 2곳이다.

2. 적용 사례

사례를 통해 앞의 내용을 확인해보자.

Q1. 취득세에서 시가인정액은 어느 경우에 적용되는가?

앞에서 봤듯이 증여로 취득하는 경우와 특수관계인 간 부당행위가 적용되는 경우가 이에 해당한다.

Q2. 시가인정액은 무엇을 의미하는가?

지방세법상 평가기간 내의 매매사례가액, 감정가액 등을 말한다. 물론 평가기간 밖의 매매사례가액 등에 대해 지방세심의위원회의 심의를 받으면 시가인정액에 해당한다.

Q3. 시가표준액은 언제 사용이 가능한가?

다음의 경우다.

- 무상취득의 경우→상속취득(가액 불문), 증여취득 중 시가표준액이 1억 원 이하인 경우
- 유상취득의 경우→없음.
- 원시취득의 경우→사실상 취득가격이 불분명한 경우(단, 개인에 한함)

지방세법상 시가인정액

원래 취득세는 취득 당시의 실제거래가액을 기준으로 과세하되, 시가가 불분명한 경우에는 시가표준액을 기준으로 과세하면 그뿐이었다. 하지만 2023년 이후부터 지방세법에서도 시가(시가인정액) 개념이 등장함으로써 이에 대한 이해가 절대적으로 필요하게 되었다. 참고로 지방세법상 시가인정액 제도는 상증법상의 시가 제도를 준용하고 있으므로 이를 감안해서 다음의 내용을 참고하면 좋을 것으로 보인다.

1. 지방세법상 시가인정액

지방세법상 시가인정액은 다음 3단계로 측정한다. 참고로 시가인정액은 지방세법에서 요건을 갖춘 매매사례가액, 감정가액, 공매가액 등 대통령령으로 정하는 바에 따라 시가로 인정되는 가액을 말한다.

- 1단계 : 평가기간 내* 당해 재산에 대해 시가를 측정한다.

  * 취득일 전 6개월~취득일 후 3개월(총 9개월)

- 2단계 : 평가기간 내** 유사재산에 대해 시가를 측정한다.

  ** 취득일 전 1년~신고·납부기한 만료일

- 3단계 : 평가기간 밖*** 지방세심의위원회를 통해 시가를 측정한다.

  *** 당해 재산 : 취득일 전 2년~신고·납부만료일로부터 6개월, 유사재산 : 취득일 전 2년~신고·납부만료일(당해 재산과 유사재산의 측정 기간에서 차이가 있음)

→ 이에 대한 자세한 내용은 이 장의 절세탐구를 통해 알아보자.

2. 적용 사례

사례를 통해 앞의 내용을 확인해보자.

자료

구분	취득유형	평가기준일	비고
① 아파트	증여	20×5년 5월 1일	다수 매매사례가액 있음.
② 단독주택	상속	20×5년 6월 1일	매매사례가액 등 없음.
③ 상가	매매	20×5년 7월 1일	매매사례가액 등 없음.

Q1. ① 아파트에 대해서 상증법과 지방세법상 시가는 어떤 식으로 평가해야 하는가?

두 세법 모두 앞에서 본 3단계에 걸쳐 시가를 측정해야 한다.

- 당해 재산에 대한 시가평가→유사재산에 대한 시가평가→평가심의위원회의 심의가액

Q2. ① 아파트에 대해 상증법에서 측정된 시가가 취득세에도 그대로 적용되는가?

난도가 높은 질문이다. 상증법과 지방세법상 매매사례가액에 대한 시가측정 방법을 알아야 하기 때문이다. 먼저 이를 표로 요약하면 다음과 같다.

구분		국세법(상속·증여세)	지방세법(취득세)
시가의 평가 기간	당해 재산	· 증여 : 증여일 전 6개월~후 3개월	취득일 전 6개월~취득일 이후 3개월
	유사 재산	· 증여 : 증여일 전 6개월~평가기간 내 신고일	취득일 전 1년~신고·납부기한의 만료일

표를 보면 증여세와 취득세의 매매사례가액에 대한 평가기간에서 차이가 있다. 그런데 사례에서 주어진 정보가 불확실하므로 이에 대한 답을 찾기가 힘들어 보인다.

Q3. ② 단독주택은 감정평가를 받아 상속세를 신고했다. 취득세도 감정가액으로 신고해야 하는가?

상속 부동산에 대해서는 시가표준액으로 취득세를 신고할 수 있으므로 굳이 감정평가로 신고하지 않아도 된다.

[Q] 돌발 퀴즈

만일 감정평가로 상속 취득세를 냈을 때 경정청구를 하면 환급을 받을 수 있는가?

받을 수 있을 것으로 보인다.

Q4. Q3 상가를 제3자와 거래했다. 이때도 시가를 별도로 평가할 필요가 있는가?

제3자 간에는 시가평가의 개념이 사실상 존재하지 않는다.

Q5. Q3의 상가를 가족 간에 거래했다. 이 경우 시가평가를 어떤 식으로 할까?

앞에서 본 3단계로 평가한다. 이를 구체적으로 살펴보면 다음과 같다.

첫째, 1단계로 당해 재산에 대해 평가기간 내에서 시가를 측정한다.

여기서 평가기간은 취득일 전 6개월~취득일 후 3개월을 말하는데, 이때 당해 재산의 매매사례가액이나 감정가액이 있는지로 측정한다. 사례의 경우에는 이에 해당하지 않는다.

둘째, 2단계로 유사재산에 대해 평가기간 내에서 시가를 측정한다.

유사재산에 대한 평가기간은 취득일 전 1년~신고·납부기한 만료일을 말한다. 사례는 이에 해당하지 않는다.

셋째, 3단계로 평가기간 밖의 평가심의위원회를 통해 시가를 측정한다.

이는 과세관청이 감정평가를 받은 가액을 지방세심의위원회를 통해 시가로 인정받는 것을 말한다. 사례의 경우 3단계에서 시가가 평가될 수 있다.

무상취득과 감정평가

이제 앞에서 본 내용들을 토대로 각 취득유형별로 감정평가가 어떤 식으로 취득세에 영향을 주는지 등을 알아보자. 먼저 상속과 증여에 따른 취득에 관한 내용부터 살펴보자.

1. 상속·증여와 감정평가

1) 상증법

상증법은 시가 과세가 원칙이며, 기준시가로 신고 시 국세청의 감정평가사업의 대상이 될 수 있다. 이러한 점에서 상증법에서 감정평가제도가 상당히 중요하다.

2) 지방세법

① 상속취득

지방세법 제10조의 2 제2항 제1호에서는 상속에 따른 무상취득에 대해서는 무조건 시가표준액을 취득 당시의 가액으로 하도록 하고 있다. 따라서 이 경우에는 감정평가와 무관하다.

② 증여취득

지방세법 제10조의 2 제2항 제2호와 제3항에서 증여 등에 대해 다음과 같이 과세표준을 정하고 있다.

- 시가표준액 1억 원 이하의 부동산 등을 무상취득(상속취득은 제외)하는 경우에는 시가인정액과 시가표준액 중에서 납세자가 정하는 가액으로 한다.

→ 이 경우에는 대부분 시가표준액으로 취득세를 신고한다.

- 위 외의 경우에는 시가인정액으로 하되, 시가인정액을 산정하기 어려운 경우에는 시가표준액으로 한다.

→ 시가표준액이 1억 원 초과한 부동산은 시가인정액으로 하나, 시가인정액이 없는 경우에는 시가표준액으로 한다. 다만, 이 경우 지방세심의위원회의 심의대상이 될 수 있다.

2. 적용 사례

1 사례를 통해 앞의 내용 중 상속취득과 관련된 내용을 확인해보자.

자료

- A 아파트 : 기준시가 8억 원(매매사례가액 15억 원)
- 상속공제액 : 10억 원
- 기타 사항은 무시하기로 함.

Q1. A 아파트에 대한 상증법상 평가액은?

매매사례가액이 있으므로 해당 가액 15억 원이 시가로 평가된다.

Q2. A 아파트에 대해 탁상감정을 한 결과 감정가액이 13억 원이 나왔다. 정식감정을 받아 이 금액으로 신고하면 시가는 13억 원이 되는가?

원칙적으로 그렇다.

→ 다만, 부실감정 등에 해당하면 이의 가액이 인정되지 않을 수 있다. 이에 대해서는 9장을 참조하기 바란다.

Q3. 취득세 과세표준은 얼마인가?

상속 취득세 과세표준은 시가표준액으로 한다. 따라서 이 경우 8억 원이 해당한다.

→ 상속의 경우 상속세와 취득세의 재산평가 내용이 다르다.

❷ 사례를 통해 앞의 내용 중 증여취득과 관련된 내용을 확인해보자.

자료

- 증여일 : 20×5년 5월 1일
- A 아파트 : 기준시가 3억 원
- 매매사례가액 : 5억 원
- 기타 사항은 무시하기로 함.

Q1. A 아파트에 대한 상증법상 평가액은?

매매사례가액이 있으므로 해당 가액 5억 원이 시가로 평가된다.

Q2. A 아파트에 대해 탁상감정을 한 결과 감정가액이 4억 원이 나왔다. 정식감정을 받아 이 금액으로 신고하면 시가는 4억 원이 되는가?

원칙적으로 그렇다.

Q3. Q2에서 취득세 과세표준은 얼마인가?

증여 취득세 과세표준은 시가표준액이 1억 원 초과 시 시가인정액으로 한다. 따라서 사례의 경우 4억 원이 이에 해당한다.

➔ 증여의 경우 증여세와 취득세의 재산평가 내용이 거의 같다. 따라서 실무에서는 증여세 신고가액에 맞춰 취득세를 신고하는 경향이 짙어지고 있다. 예를 들어 Q2처럼 4억 원에 감정평가를 받았다면 이의 금액으로 증여세와 취득세를 동시에 신고한다는 것이다.

유상승계·원시취득·부담부증여와 감정평가

취득의 유형 중에는 유상 승계취득과 원시취득도 있다. 그렇다면 이러한 취득의 유형과 감정평가의 관련성은 얼마나 될까? 다음에서는 부담부증여를 포함해서 이에 대해 알아보자.

1. 유상 승계취득과 감정평가

1) 원칙

부동산 등을 유상거래(매매 또는 교환 등 포함)로 승계취득하는 경우 취득 당시가액은 취득 시기 이전에 해당 물건을 취득하기 위해 거래 상대방이나 제3자에게 지급했거나 지급해야 할 일체의 비용으로서 대통령령(지방세법 시행령 제18조를 말하며, 직간접비용을 포함한다)으로 정하는 사실상의 취득가격으로 하는 것이 원칙이다(지방세법 제10조의 3 제1항).

2) 예외

지방자치단체의 장은 특수관계인 간의 거래로 그 취득에 대한 조세부담을 부당하게 감소시키는 행위 또는 계산한 것으로 인정되는 경우

(부당행위계산)에는 앞의 원칙에도 불구하고 시가인정액을 취득당시가액으로 결정할 수 있다.

※ 지방세법 시행령 제18조의 2(부당행위계산의 유형)

법 제10조의 3 제2항에 따른 부당행위계산은 특수관계인으로부터 시가인정액보다 낮은 가격으로 부동산을 취득한 경우로서 시가인정액과 사실상 취득가격의 차액이 3억 원 이상이거나 시가인정액의 100분의 5에 상당하는 금액 이상인 경우로 한다.*

* 고가취득에 대해서는 이 규정을 적용하지 않는다. 조세 부담이 감소하지 않았기 때문이다.

→ 유상 승계취득의 경우 특수관계인 간의 저가취득에 대해 시가인정액의 개념이 등장한다. 따라서 이러한 상황에서 감정평가가 쟁점이 될 가능성이 있다.

2. 원시취득과 감정평가

지방세법 제10조의 4에서는 원칙취득에 대해 다음과 같이 과세표준을 정하도록 하고 있다.

① 부동산 등을 원시취득하는 경우 취득당시가액은 사실상 취득가격으로 한다.
② 제1항에도 불구하고 법인이 아닌 자가 건축물을 건축해 취득하는 경우로서 사실상 취득가격을 확인할 수 없는 경우의 취득당시가액은 제4조에 따른 시가표준액으로 한다.

따라서 원시취득의 경우에는 감정평가가 개입될 여지가 없다.

3. 부담부증여 취득과 감정평가

부담부증여는 증여자의 채무를 인수하는 조건으로 증여가 이뤄진 것을 말한다. 이때 부담부증여의 경우 유상으로 취득한 것으로 보는 채무부담액에 대해서는 유상 승계취득에서의 과세표준을 적용하고, 취득물건의 시가인정액에서 채무부담액을 뺀 잔액에 대해서는 무상취득에서의 과세표준을 적용한다.

➔ 부담부증여는 가족 간에 발생하므로 시가로 증여세와 취득세가 과세되는 것이 원칙이다. 따라서 이 경우 감정평가가 개입될 가능성이 크다.

※ 저자 주

배우자 또는 직계존비속의 부동산 등을 취득하거나 부담부증여로 취득할 때 유상승계분에 대해 대가입증*이 되지 않으면 전체금액을 증여받은 것으로 보아 취득세가 부과됨에 유의해야 한다(지방세법 제7조 제11항과 제12항 참조). 특히 소득증명이 되지 않는 배우자나 자녀 등이 유상승계 취득하면 매매가 아닌 증여에 해당할 수 있으므로 주의해야 한다.

* 다음 각 호의 어느 하나에 해당하는 경우에는 유상으로 취득한 것으로 본다.

1. 공매(경매를 포함한다. 이하 같다)를 통해 부동산 등을 취득한 경우
2. 파산선고로 인해 처분되는 부동산 등을 취득한 경우
3. 권리의 이전이나 행사에 등기 또는 등록이 필요한 부동산 등을 서로 교환한 경우
4. 해당 부동산 등의 취득을 위해 그 대가를 지급한 사실이 다음 각 목의 어느 하나에 의해 증명되는 경우
   가. 그 대가를 지급하기 위한 취득자의 소득이 증명되는 경우
   나. 소유재산을 처분 또는 담보한 금액으로 해당 부동산을 취득한 경우
   다. 이미 상속세 또는 증여세를 과세(비과세 또는 감면받은 경우를 포함한다)받았거나 신고한 경우로서 그 상속 또는 수증 재산의 가액으로 그 대가를 지급한 경우
   라. 가목부터 다목까지에 준하는 것으로서 취득자의 재산으로 그 대가를 지급한 사실이 입증되는 경우

Tip 전세보증금 인수조건으로 부담부증여 시 과세방식

구분	취득세	양도세	증여세
채무부담분	· 대가입증○ : 유상취득* · 대가입증× : 무상취득	· 부채인수입증○ : 양도 · 부채인수입증× : 증여**	-
채무부담분 외	무상취득	-	증여

* 지방세법 제7조 제11항 제4호 가목에서는 취득자의 소득이 증명되는 경우 등만 유상취득으로 본다. 그런데 지자체는 전세보증금은 이와 무관하다고 한다. 하지만 저자는 국세처럼 전세보증금도 유상대가에 해당하므로 수증자가 이를 인수한 사실이 입증되면 유상취득으로 보는 것이 타당하다고 본다(지방세법 제7조 제11항 제4호 라목 참조).

** 부담부증여로 인정받기 위해서는 첫째, 증여일 현재 증여재산에 담보된 채무가 있어야 하며 둘째, 담보된 당해 채무가 채무자 명의에도 불구하고 반드시 실질적으로 증여자의 채무여야 하고 셋째, 당해 채무를 수증자가 인수한 사실이 증여계약서, 자금출처가 확인되는 자금으로 원리금을 상환하거나 담보 설정 등에 의해 객관적으로 확인되어야 한다. 따라서 부담부증여로 인수한 전세보증금이 이에 해당한다면 증여재산가액에서 제외되며, 해당 금액을 양도가액으로 본다.

절세탐구 지방세법상 시가평가 규정분석

앞에서 본 지방세법상의 시가인정액은 주로 증여(부담부증여 포함)와 가족 간의 거래에서 등장한다. 그런데 2023년부터 지방세법에 시가인정액이라는 제도가 처음으로 등장하다 보니 실무상 혼란을 겪는 경우가 많다. 특히 시가평가의 모태라고 할 수 있는 상증법의 내용을 차용하면서도 일부 항목에서는 규정이 다르다 보니 혼란이 가중되고 있는 상황에 놓여 있다. 다음에서는 이러한 관점에서 지방세법상 시가평가제도를 분석해보자.

1. 지방세법상 시가평가규정 분석

1) 지방세법 제10조의 2 제1항

부동산 등을 무상취득하는 경우에는 취득 시기 현재 불특정다수인 사이에 자유롭게 거래가 이뤄지는 경우 통상적으로 성립된다고 인정되는 가액(매매사례가액, 감정가액, 공매가액 등 대통령령으로 정하는 바에 따라 시가로 인정되는 가액을 말하며, 이하 '시가인정액'이라 한다)을 취득세 과세표준으로 하도록 하고 있다. 다만, 상속이나 시가표준액 1억 원 이하의 경우 등은 시가표준액으로 하도록 하고 있다.

2) 지방세법 시행령 제14조

앞의 지방세법 제10조의 2 제1항의 대통령령은 지방세법 시행령 제14조에서 규정하고 있다. 이를 요약하면 다음과 같다.

▶1항~4항 : 당해 재산(취득 대상 부동산)의 평가방법

- 취득 대상 부동산 자체의 시가인정액 산정방법에 관해 규정하고 있음.
- 평가기간(취득일 전 6개월 ~ 취득일 후 3개월) 내 매매사례가액, 감정가액, 경매·공매가액 순으로 평가함(시가인정액이 둘 이상인 경우, 취득일 전후 가장 가까운 날의 가액을 기준으로 함).
- 평가기간 외의 가액도 지방세심의위원회 심의를 통해 인정 가능함.

▶ 5항~7항 : 유사재산(유사부동산)의 평가방법

- 당해 재산에 대한 시가인정액이 없는 경우, 유사재산(면적, 위치, 용도 등이 유사한 부동산)을 기준으로 평가함.
- 유사재산의 평가기간 : 취득일 전 1년~신고·납부기한임.
- 이 기간 외 가액도 지방세심의위원회 심의를 통해 인정 가능함(심의 시, 시간 경과와 주위환경 변화 등을 고려해 가격변동이 없는 경우에만 해당 가액을 시가인정액으로 인정함).

▶ 요약정리

- 1항~4항 : 해당 재산(당해 부동산)의 평가 기준
- 5항~7항 : 해당 재산에 시가인정액이 없는 경우, 유사재산을 기준으로 평가

→ 해당 재산과 유사재산에 대해서는 지방세심의위원회 심의를 통해 평가 가능

2. 상증법과 지방세법상 시가평가제도와 비교

상증법과 지방세법상의 시가평가제도를 비교하면 다음과 같다. 참고로 다음의 표는 1장에서 살펴본 것에 몇 가지를 추가한 것이다.

구분	국세법(상속·증여세)	지방세법(취득세)
명칭	시가	시가인정액
개념	불특정다수인 사이에 자유롭게 거래가 이뤄질 때 통상적으로 성립된다고 인정되는 가액	좌동

구분		국세법(상속·증여세)	지방세법(취득세)
시가의 범위		매매사례가액, 감정가액, 공매가액 등 대통령령으로 정하는 바에 따라 시가로 인정되는 가액	좌동
시가의 평가 기간	당해 재산	· 상속 : 상속개시일 전후 6개월 · 증여 : 증여일 전 6개월~후 3개월	취득일 전 6개월~취득일 이후 3개월
	유사 재산	· 상속 : 상속개시일 전 6개월~평가기간 내 신고일 · 증여 : 증여일 전 6개월~평가기간 내 신고일	취득일 전 1년~신고·납부기한의 만료일*
		유사재산판단 : 공동주택의 경우 기준시가 차이가 가장 작은 것 등	좌동
평가기간 이내의 판단		· 매매계약 : 매매계약일 · 감정평가 : 가격산정 기준일과 감정평가서 작성일 · 경매·공매 : 경매가액 또는 공매가액이 결정된 날	좌동
시가 결정방법		시가인정액이 둘 이상이면 취득일 전후로 가장 가까운 날의 가액(그 가액이 둘 이상이면 평균액을 말한다)을 적용	좌동
평가심의위원회 심의평가 제도 (평가기간 제외)		· 상속 : 상속개시일 전 2년~신고기한 후 9개월 · 증여 : 증여일 전 2년~신고기한 후 6개월	취득일 전 2년~신고·납부만료일로부터 6개월 (유사재산은 신고·납부만료일)
평가심의위원회 운영규정		재산평가심의위원회운영규정	취득세 시가인정액 산정 절차 등에 관한 규정

* 취득세 시가평가는 상증법상의 증여세 규정과 궤를 같이하고 있으나, 유사재산에 대한 평가기간에서만 차이가 나고 있다. 그 외는 대부분 상증법상 증여세 규정과 일치하고 있다.

제5장

감정평가로 부가세를 줄이는 방법

부가세와 과세기준

부가세(정식명칭은 부가가치세)는 부가세 과세대상 물건 가액에 10%로 징수해서 국가에 납부해야 하는 세금을 말한다. 따라서 부가세가 없는 품목(면세품)의 거래에서는 부가세가 발생하지 않는다. 한편 부가세가 발생한 경우로서 거래 상대방이 일반과세자로 사업자등록을 한 경우에는 자신이 부담한 부가세를 전액 환급받을 수 있다. 하지만 간이과세자나 면세사업자 또는 비사업자 등은 부가세를 환급받지 못하게 된다. 따라서 부동산과 관련된 부가세 문제를 해결하기 위해서는 이 2가지 개념을 먼저 이해할 필요가 있다. 다음에서 이에 대해 알아보자.

1. 부동산 관련 부가세 과세와 면세 대상의 구분

부동산의 공급과 관련된 부가세 과세대상과 면세 대상은 다음과 같다.

구분	과세	면세
토지	-	토지
상가건물	건물분	토지분
부동산신축판매, 매매사업용 주택 (85㎡ 초과)	건물분	토지분

토지의 공급은 부가가치 생산요소에 해당하므로 부가세를 면제한다. 따라서 상가건물을 공급하는 경우에는 공급가액을 토지분과 건물분으로 구분해야 하는 숙제를 안게 된다.

※ 저자 주

앞에서 봤듯이 토지의 공급은 부가세가 발생하지 않는다. 따라서 토지를 취득할 때 이와 관련해서 매수자가 부담한 부가세도 환급되지 않는다. 예를 들면 다음과 같은 것들이 있다.

- 건축물이 있는 토지를 취득해 그 건축물을 철거하고 토지만을 사용하는 경우에는 철거한 건축물의 취득 및 철거비용에 관련된 매입세액*

  * 실무에서 자주 발생하는 유형에 해당한다.
- 사업자가 토지 취득 전에 사업성 검토를 위한 토지적성평가용역, 생태계 식생 조사용역, 환경영향평가 용역 등의 사전평가용역을 제공받은 경우 토지의 취득 여부와 관계없이 해당 사전평가용역비를 지급하면서 부담한 매입세액
- 사업자가 금융자문용역을 공급받고 발급받은 세금계산서상의 매입세액 중 토지의 취득과 관련된 매입세액
- 공장건물 신축을 위해 임야에 대지조성 공사를 하는 경우 해당 공사비용 관련 매입세액

- 토지의 취득을 위해 지급한 중개수수료, 감정평가비, 컨설팅비, 명의 이전비용에 관련된 매입세액 등

2. 일반과세자와 간이과세자 등의 구분

세법은 부가세 징수와 환급 등을 위해 다양한 형태로 사업자의 유형을 정하고 있다.

구분	공급 시 부가세 징수	공급받은 경우 부가세 환급
일반과세자	건물공급가액의 10% 징수	매입세액 100% 환급
간이과세자	건물공급가액의 4%* 징수	세금계산서상 매입가액의 0.5%를 매출세액에서 공제(단, 환급은 불가)
면세사업자	징수하지 않음.	매입세액 전액 환급 불가
비사업자	징수하지 않음.	상동

* 간이과세자는 업종별 부가가치율(임대업은 40%)에 부가세율 10%를 곱해 부가세를 징수한다.

3. 적용 사례

사례를 통해 앞의 내용을 확인해보자.

Q1. K 씨는 나대지를 10억 원에 양도하고자 한다. 이 경우 부가세가 발생하는가?

그렇지 않다. 토지는 부가가치 구성요소에 해당하기 때문에 부가세가 면세된다. 즉, 토지 자체는 새로운 가치를 창출하지 않으므로 부가세의 과세대상이 될 수 없다. 따라서 토지는 단순히 부가가치가 창출되는 기반(예 : 공장, 건축물 등)이 될 뿐이므로 부가법상 '면세'로 처리된다.

Q2. L 씨는 Q1의 나대지를 취득하면서 중개수수료를 지출했다. 이 수수료에는 부가세가 포함되는데 이 부가세는 환급이 가능한가?

토지 취득은 부가세가 발생하지 않는다. 따라서 이와 관련되어 발생하는 부가세도 환급되지 않는다.

Q3. P 씨는 임대용 상가를 5억 원에 양도하고자 한다. P 씨는 일반과세자인데, 이 경우 부가세는 얼마나 되는가? 단, 건물의 공급가액은 2억 원, 토지의 공급가액은 3억 원이라고 하자.

부가세는 건물분에 대해서만 발생하므로 이 경우 부가세는 2억 원의 10%인 2,000만 원이 된다.

→ 이 경우 총거래가액은 5억 2,000만 원이 된다.

Q4. Q3에서 P 씨는 간이과세자라고 하자. 이 경우 부가세는 얼마나 발생할까? 이 경우 총거래가액은 얼마가 되는가?

건물 가액 2억 원의 4%인 800만 원이 부가세가 된다. 한편 총거래가액은 5억 원이 된다. 간이과세자는 부가세를 상대방으로부터 징수하지 못하기 때문이다.

→ 따라서 간이과세자인 공급자가 부가세를 제외한 가액을 5억 원에 맞추고 싶다면 총거래가액을 높여야 한다.

Q5. Q3에서 상가의 건물분과 토지분이 구분되지 않으면 어떤 식으로 이를 구분해야 하는가?

'감정평가→기준시가 등'의 순으로 이를 구분해야 한다. 자세한 것은 뒤에서 살펴보자.

부동산 일괄공급과 과세표준 안분계산

이제 부동산을 일괄공급하는 경우 토지와 건물을 어떤 식으로 구분하는지 이를 정리해보자. 이는 국세법에서 기본적으로 사용되는 기준이므로 이를 잘 정리해두는 것이 좋을 것으로 보인다.

1. 부동산 일괄공급과 과세표준 안분계산

사업자가 토지와 그 토지에 정착된 건물·기타 구축물을 함께 공급하는 경우에 토지의 공급에 대해서는 면세하고 나머지 건물 등의 공급가액에 대해서만 과세된다. 따라서 이의 구분이 매우 중요하다. 이러한 관점에서 이를 정리해보자.

1) 원칙(실제거래가액으로 구분된 경우)

토지·건물 가액이 구분된 경우에는 해당 가액을 공급가액으로 한다. 이는 거래당사자가 합의해서 계약한 금액을 그대로 인정한다는 것을 의미한다.* 예를 들어 총거래가액이 10억 원인데, 이중 토지가격은 5억 원, 건물가격은 5억 원으로 구분하는 식이 된다.

* 통상 매매계약서나 세금계산서 등 관련 증빙 자료로 확인한다. 참고로 비록 매매계약서상에는 토지의 가액과 건물 등의 가액이 구분 표시되어 있지 않다고 하더라도 계약서상에 기재된 매매금액이 실제거래 가액임이 확인되고 매매계약서 체결 전에 계약당사자 간에 건물 가액 및 토지가액을 합의한 사실이 관련 증빙 등에 의해 확인할 수 있는 경우로서, 구분된 토지와 건물 가액 등이 정상적인 거래 등에 비추어 합당하다고 인정되는 경우에는 실제거래가액으로 보아 공급가액을 계산할 수 있다(부가 46015-691, 1993. 5. 15).

➔ 이렇게 건물가격이 정해지면 앞의 부가세는 건물가격의 10%인 5,000만 원이 된다.

2) 예외(공급가액이 불분명한 경우)

사업자가 토지와 그 토지에 정착된 건물 및 기타 구축물을 함께 공급하는 경우 이의 구분가액을 공급가액으로 하나, 다음 중 어느 하나에 해당되면 감정가액, 기준시가 등으로 공급가액을 안분계산한다.

① 실제거래가액 중 토지의 가액과 건물 또는 구축물 등의 가액구분이 불분명한 경우
② 사업자가 실제거래가액으로 구분한 토지와 건물 또는 구축물 등의 가액이 감정가액, 기준시가 등에 따라 안분계산한 금액과 100분의 30 이상 차이가 있는 경우
다만, 다음의 경우에는 사업자가 구분한 가액을 인정한다. 불가피성이 있기 때문이다.
가. 다른 법령에서 정하는 바에 따라 토지와 건물 등의 가액을 구분한 경우
나. 토지와 건물 등을 함께 공급받은 후 건물 등을 철거하고 토지만 사용하는 경우*

* 낙후된 건물을 구입 후 사용하지 않고 바로 철거한 경우에는 건물의 가치가 없으므로 이때는 건물의 공급가액을 0원으로 해도 된다(신축목적의 철거도 포함하는 것으로 해석한다).

※ 일괄공급과 부가세 과세표준 안분계산의 원리

구분		원칙	예외
1. 거래가액이 구분된 경우		해당 가액을 인정	-
2. 거래가액을 안분계산해야 하는 경우	① 거래가액의 구분이 불분명한 경우	감정평가→기준시가 등으로 안분	-
	② 거래가액의 구분가액이 감정평가, 기준시가 안분대비 30% 이상 차이가 나는 경우		30% 이상 차이가 나더라도 다음은 실지 구분가액을 인정함. · 타법에 따라 구분 · 일괄취득 후 건물을 철거하고 토지만 사용하는 경우

2. 적용 사례

사례를 통해 앞의 내용을 확인해보자.

자료

구분	총거래가액	건물 가액	비고
A 상가건물	10억 원	1억 원	토지와 건물의 기준시가 비율 : 같음.
B 상가건물	10억 원	불분명	토지와 건물의 일괄공급에 해당함.
C 상가건물	10억 원	0원	철거 후 토지만 사용

Q1. A 상가건물의 부가세는 1,000만 원이 맞는가?

앞에서 봤듯이 토지와 건물의 일괄공급 시 실제 거래된 가액을 인정한다. 하지만 감정가액이나 기준시가로 나눈 가액에 비해 30% 이상 차이가 난 경우에는 이를 인정하지 않고, 감정평가 또는 기준시가의 비율로 안분하도록 하고 있다. 따라서 사례의 경우 토지와 건물의 기준시가가 같으므로 건물가격은 5억 원이 된다. 그런데 이 금액은 실제 구분된 가액 1억 원의 30%(1억 3,000만 원)를 벗어나므로 기준시가로 구분한 가격을 건물 가액으로 보게 된다.

Q2. B 상가건물의 경우 토지와 건물의 가액이 구분되지 않았다. 어떤 기준으로 이를 안분계산하는가?

감정가액이 있다면 이를 통해 안분계산하거나 이의 가액이 없다면 기준시가로 안분계산한다.

Q3. Q2에서 감정가액으로 안분한 결과 건물 가액이 1억 원으로 평가되었다. 이 금액은 기준시가로 안분한 것에 비해 30% 이상 차이가 난다. 이 경우 감정가액으로 안분된 가액은 인정받지 못하는가?

아니다. 감정가액으로 안분하면 30% 기준과 무관하게 안분가액을 인정한다.

Q4. C 상가건물은 토지만을 사용할 목적으로 구입한 것이다. 이 경우 건물 가액을 0원으로 해도 문제는 없는가?

원칙적으로 30% 기준을 벗어나면 기준시가 등으로 안분해야 하는데, 일괄취득 후 건물을 철거하고 토지만 사용하는 경우에는 사업자가 구분한 가액을 그대로 인정한다. 사례의 경우가 이에 해당한다고 할 수 있다.

➔ 건물 가액을 0원으로 하는 경우 양도세에 영향을 미칠 수 있다. 사전에 이 부분을 동시에 고려해야 한다. 다음 장에서 살펴본다.

Q5. Q4에서 취득 후 바로 철거하는 것이 아니라 일정 기간 사용 후 철거하려고 한다. 이 경우에도 건물 가액을 0원으로 해도 되는가?

아니다. 바로 철거를 하지 않을 때는 사용 목적으로 보아 앞에서 본

30% 기준을 적용하게 된다. 상당히 주의해야 할 대목에 해당한다.

Q6. Q5와 같은 상황에서 세무 위험을 최소화할 방법은?

감정평가를 받은 금액으로 안분계산하도록 한다.

Tip 일괄공급한 상가 등의 공급가액 안분계산(부가세 집행기준 29-64-1)

토지와 건물을 일괄양도나 취득한 경우의 공급가액(양도가액이나 취득가액)은 다음과 같은 기준을 사용한다. 물론 감정평가를 받거나 계약서상 30% 이내의 금액으로 안분하면 이러한 기준이 필요 없다.

구분	공급가액 계산방법
① 실제거래가액이 모두 있는 경우	· 구분된 건물 등의 실제거래가액
② 감정가액이 모두 있는 경우	· 감정평가법인이 평가한 감정가액에 비례해 안분계산
③ 기준시가가 모두 있는 경우	· 공급계약일 현재 기준시가에 비례해 안분계산
④ 기준시가가 일부 있는 경우	· 먼저 장부가액(장부가액이 없는 경우 취득가액)에 비례해 안분계산 · 기준시가가 있는 자산에 대해는 그 합계액을 다시 기준시가에 비례해 안분계산
⑤ 기준시가가 모두 없는 경우	· 장부가액(장부가액이 없는 경우 취득가액)에 비례해 안분계산
⑥ 국세청장이 정한 공급가액 안분계산 방법	· 토지와 건물 등의 가액을 일괄 산정·고시하는 오피스텔 등의 경우→토지의 기준시가와 국세청장이 고시한 건물의 기준시가에 비례해 안분계산
	· 건축하고 있는 건물과 토지를 함께 양도하는 경우→해당 건물을 완성해 공급하기로 한 경우에는 토지의 기준시가와 완성될 국세청장이 고시한 건물의 기준시가에 비례해 안분계산
	· 미완성 건물 등과 토지를 함께 공급하는 경우→ 토지의 기준시가와 미완성 건물 등의 장부가액(장부가액이 없는 경우 취득가액)에 비례해 안분계산

건물 가액을 줄여
부가세를 줄이는 방법

앞에서 봤듯이 부동산을 일괄공급 시 부가세 계산을 위해서는 토지와 건물가액의 구분이 필요하다. 따라서 매매계약 시 30% 기준 내에서 토지와 건물의 가액을 구분하거나 기준시가로 안분계산하면 대체로 문제가 없다. 하지만 어떤 거래에서는 매수자의 요청에 따라 건물 가액을 그 이상으로 낮추는 것을 요구받는 예도 있다. 따라서 이때는 감정평가가 유효한 수단이 될 수 있다. 다음에서 이에 대해 알아보자.

1. 건물 가액을 낮추면 좋을 경우

건물 가액을 낮추면 부가세가 줄어든다. 그런데 이렇게 한다고 해서 매수자가 항상 좋은 것만은 아니다. 사업자의 부가세 과세 유형에 따라 실익이 달라질 수 있기 때문이다.

먼저 다음의 표를 참조해보자. 참고로 앞의 사업자는 크게 일반과세자와 간이과세자, 면세사업자로 구분하는데, 이러한 사업장의 유형에 따라 부가세 징수와 환급여부가 달라진다. 따라서 실무에서는 이러한 관계를 잘 파악해서 업무처리를 할 필요가 있을 것으로 보인다.

※ 부가세 과세 시 매수자 관점에서 건물 가액을 낮추면 좋은 상황

매도자	매수자	매수자의 입장
일반과세자	일반과세자	무차별(일반과세자는 환급)*
	간이과세자	의미 있음(간이과세자는 환급 불가).
	면세사업자	의미 있음(면세사업자도 환급 불가).
간이과세자	일반과세자	의미 없음(세금계산서 미발행으로 환급 불가).
	간이과세자	의미 없음.
	면세사업자	의미 없음.
면세사업자	모든 사업자	의미 없음.

* 단, 일반과세자가 건물을 매수 후 부가세를 환급받고 바로 철거할 경우 해당 부가세는 토지와 관련된 매입세액으로 보아 추징이 될 수 있다. 이 부분은 다음에서 별도로 검토해보고자 한다.

위 표를 보면 매도자가 일반과세자면 세금계산서를 발행하게 되는데, 이때 매수자의 부가세 사업자 유형에 따라 매입세액 환급 여부가 달라진다.

- 매수자가 일반과세자라면 전액 환급이 되므로 이 경우에는 건물가액의 크기가 중요하지 않다.
- 매수자가 간이과세자라면 환급이 되지 않으므로 이 경우에는 건물가액의 크기가 중요하다(단, 실무적으로 이러한 유형은 거의 발생하지 않음).
- 매수자가 면세사업자라면 환급이 되지 않으므로 이 경우에도 건물가액의 크기가 중요하다. 실무적으로 건물가액의 크기가 중요한 사업자의 유형에 해당한다. 예를 들어 매수자가 병의원사업자에 해당하는 경우가 대표적이다. 이들은 대표적인 면세사업자에 해당한다(단, 성형외과 등 일부 병과는 일반과세자에 해당한다).

이 외에도 매수자가 비사업자에 해당하는 경우에도 부가세 환급이 되지 않으므로 건물가액의 크기가 중요하다.

2. 적용 사례

사례를 통해 앞의 내용을 확인해보자. 참고로 이 상가건물의 매도자는 일반과세자에 해당한다.

자료

구분	총거래가액	토지가액	건물 가액	비고
A 상가건물	10억 원	7억 원	3억 원	기준시가로 안분한 금액에 해당함.

Q1. 이 경우 부가세는 얼마인가?

건물가액의 10%인 3,000만 원이 부가세가 된다.

Q2. 매수자가 일반과세자, 간이과세자, 면세사업자, 비사업자인 경우 환급이 가능한 사업자 유형은?

일반과세자일 때만 환급받을 수 있다.

Q3. 만일 건물 가액을 최대한 줄여 계약하려고 한다면, 건물 가액을 얼마까지 낮출 수 있을까?

기준시가로 안분한 건물가격이 3억 원이므로 이 금액의 30%를 인하한 2억 1,000만 원 정도까지 가능하다. 이렇게 되면 부가세는 2,100만 원 정도가 된다.

Q4. 만일 감정평가로 최대한 건물 가액을 낮추자고 한다면 건물의 감정가액은 얼마 이하가 되어야 하는가?

앞의 기준시가 대비 30%로 인하된 가액인 2억 1,000만 원 이하가 되어야 한다. 이 금액을 넘어갈 때는 감정평가의 실익이 없다(단, 이때 기준시가 대신 감정평가를 받은 금액 대비 30% 미만으로 인하된 금액으로 계약을 해도 이론상 문제는 없을 것으로 보인다. 이에 대한 추가적인 문의는 저자의 카페를 활용하기를 바란다).

Tip 부가세 안분계산 시 필요한 감정가액

- 감정가액은 공급시기(중간지급조건부 또는 장기할부판매의 경우는 최초 공급시기)가 속하는 과세기간의 직전 과세기간 개시일부터 공급시기가 속하는 과세기간의 종료일까지 감정평가법인 등이 평가한 감정가액을 말한다.
- 부가세 안분계산에 필요한 감정가액은 개수 제한이 없다. 따라서 1개도 가능하다.

절세탐구 건물 취득 후 철거 시 부가세 처리법 분석

건물을 취득 후 철거하고 신축하는 경우가 많다. 이때 부가세처리를 두고 다양한 쟁점이 발생한다. 다음에서 이에 대한 대략적인 내용을 알아보자. 구체적인 내용은 세무전문가를 통해 확인하기 바란다.

1. 관련 규정분석

부가법 제29조 제9항에서는 일괄공급에 대한 부가세 과세표준을 계산하는 방법을 제시하고 있다.

> ⑨ 사업자가 토지와 그 토지에 정착된 건물 또는 구축물 등을 함께 공급하는 경우에는 건물 또는 구축물 등의 실지거래가액을 공급가액으로 한다. 다만, 다음 각 호의 어느 하나에 해당하는 경우에는 대통령령으로 정하는바에 따라 안분계산한 금액을 공급가액으로 한다.
>
> 1. 실지거래가액 중 토지의 가액과 건물 또는 구축물 등의 가액구분이 불분명한 경우
> 2. 사업자가 실제거래가액으로 구분한 토지와 건물 또는 구축물 등의 가액이 대통령령으로 정하는 바에 따라 안분계산한 금액과 100분의 30 이상 차이가 있는 경우. 다만, 다른 법령에서 정하는 바에 따라 가액을 구분한 경우 등 대통령령으로 정하는 사유에 해당하는 경우는 제외한다(2021. 12. 08. 개정).

한편 위 제2호 단서의 대통령령으로 정하는 사유는 아래를 말하는데, 이에 해당하는 사업자가 구분한 가액을 인정한다(2022. 02. 15. 신설).

- 다른 법령에서 정하는 바에 따라 토지와 건물 등의 가액을 구분한 경우
- 토지와 건물 등을 함께 공급받은 후 건물 등을 철거하고 토지만 사

용하는 경우

즉, 앞의 2가지 사유에 따라 토지와 건물의 가액이 구분되었다면 가액의 크기에 불문하고 이를 인정하겠다는 것을 의미한다.

2. 토지와 건물 등을 함께 공급받은 후 건물 등을 철거하고 토지만 사용하는 경우

실무에서는 이 규정을 정확히 이해하는 것이 필요하다. 이를 오해하면 부가세처리와 관련해서 혼선이 발생하기 때문이다. 이 규정과 관련해서 다음과 같은 의문점이 발생할 수 있다.

- 건물 등을 철거하고 토지만 사용하는 경우란 철거 후 토지를 양도하는 경우를 말하는가?→토지의 양도는 물론이고 신축을 하는 경우도 포함한다.*

* '토지만을 사용할 목적'이라 함은 건축물이 있는 토지를 취득하면서 기존 건축물을 철거하고 해당 토지의 전부를 새로운 건축물의 대지 또는 다른 용지로 사용하기 위한 것을 말한다(법인 22601-887, 1989. 3. 9).

➔ 이 경우에는 토지 취득에 해당하므로 관련 부가세는 공제를 받지 못한다.

- 건물을 구입 후 단기간 사용한 후 철거하는 때도 이에 해당하는가?→구입 후 일정 기간 임대 등을 한 경우에는 토지만을 이용할 목적이 아니므로 이 경우에는 건물 가액을 세법에 맞게 책정을 하고 부가세를 계산해야 할 것으로 보인다.

➔ 이 경우에는 건물의 취득에 해당하므로 관련 부가세는 공제를 받을 수 있을 것으로 보인다.

3. 적용 사례

Q1. 부동산 양수인이 부동산 매입 즉시 건물을 철거한 후 신축공사에 착수할 계획에 있는바 매매계약서상 건물공급가액을 '0'으로 했다. 이 경우 부가세법상 문제가 없는가?

그렇다. 2022년 1월 1일 이후 공급분부터 이러한 거래방식을 허용하고 있기 때문이다.

➔ 토지 및 건물을 일괄매각하면서 건물을 철거하여 토지만을 사용할 계획이라는 특약사항이 있는 경우에는, 저가로 기재한 건물 가액을 실제거래가액으로 본다(사전법규 부가 2022-299, 2022. 3. 15).

Q2. 부동산 양수인이 부동산 매입 즉시 건물을 철거한 후 신축공사에 착수할 계획으로 매매계약서상 건물공급가액을 '0'으로 했다. 그런데 계획과는 달리 일정 기간 임대를 하게 되었다. 이 경우 어떤 문제가 발생하는가?

건물 가액이 저가로 되어 있어 세법상 기준에 맞게 건물 가액을 책정하므로 부가세 추징이 발생할 것으로 보인다.

Q3. 건물을 취득할 때 부가세를 부담했다. 그런데 얼마 뒤에 이 건물을 철거했다. 이 경우 취득 시 환급받은 부가세는 추징되지 않는가?

자기의 매출세액에서 공제되지 아니하는 토지 관련 매입세액에는 다음의 것이 있음을 앞에서 살펴봤다.

1. 건축물이 있는 토지를 취득하여 그 건축물을 철거하고 토지만을 사용하는 경우에는 철거한 건축물의 취득 및 철거비용에 관련된 매입세액 등

그렇다면 사례의 경우 이에 해당할까?

이 경우에는 사용 후 철거를 했으므로 취득 시 환급받은 부가세는 추징이 되지 않아 보인다. 다음의 해석을 참조하기 바란다(저자의 카페에 문의해도 된다).

※ 부가, 부가 46015-112, 1995. 01. 13

부동산임대업을 영위하는 사업자가 기존건물을 철거하고 그 위치에 새로운 건물을 신축해서 부동산임대업에 공하는 경우에 구건물의 철거 및 신축비용과 관련된 부가세는 매출세액에서 매입세액으로 공제받을 수 있는 것임.

Q4. 건물을 취득할 때 부가세를 부담하고 환급을 받았다. 그런데 이 건물을 바로 철거했을 경우 취득 시 환급받은 부가세는 추징되지 않는가?

이 경우에는 토지 관련 매입세액에 해당하므로 부가세를 반환해야 한다. 다음의 예규를 참조하자.

※ 부가, 서면 인터넷방문상담 3팀-1277, 2008. 06. 25

과세사업에 공하기 위한 건물을 신축하기 위해 건축물이 있는 토지를 취득하고 그 건축물을 철거하는 경우 철거한 건축물의 취득가액과 철거비용은 토지의 자본적 지출에 해당하므로 관련 매입세액은 매출세액에서 공제되지 않음.

Q5. 토지와 건물을 일괄공급 시 부가세 안분기준과 양도세 안분기준에서 차이가 있는가?

2024년 이전에는 토지를 사용하기 위해 건물가액을 0원으로 하면 양도세 계산 시에는 기준시가로 토지와 건물가액을 안분하도록 했으나, 2025년 이후 양도분부터 부가세 안분기준과 일치시켰다. 따라서 부가법상 안분기준이 적법하다면 양도세도 이를 인정한다. 아래의 표를 참고하기 바란다.

Tip 건물의 공급가액을 거래당사자가 임의로 정한 경우의 부가세와 양도세 안분방법

구분	기준시가 대비 30% 이상 차이가 나게 건물 가액이 정해진 경우		
	원칙	예외	
		토지사용목적	이 외
부가세	기준시가로 안분	구분가액 인정	기준시가로 안분
양도세	기준시가로 안분	구분가액 인정*	상동

* 양도자로서는 건물 가액을 0원(또는 임의로 낮게 책정)으로 하면 양도세 계산 시 건물에 대한 취득가액을 인정받지 못할 수 있다. 이에 대해서는 다음 장에서 알아본다.

제6장

감정평가로 양도세를 줄이는 방법

양도세와 과세기준

양도세는 부동산 등의 양도로 발생하는 양도차익에 대해 과세되는 세금을 말한다. 이때 양도세는 양도가액에서 취득가액과 필요경비를 차감하고 각종 공제를 적용한 과세표준에 세율을 곱해 산출세액을 계산한다. 그렇다면 양도세에서 감정평가는 어떤 식으로 개입할까? 다음에서 이에 대해 알아보자.

1. 양도세 계산구조

구분	원칙	비고
양도가액	실제거래가액	토지와 건물 등의 가액을 구분하는 것이 원칙임.
-취득가액	실제거래가액(환산취득가액 포함)	
-필요경비		
=양도차익		특수관계인 간 거래 시에는 부당행위계산 판단해야 함.*
-장기보유특별공제	0~80%	토지와 건물의 보유기간에 따라 적용함.

-기본공제	250만 원	
=과세표준		
×세율	6~45% 등	
-누진공제		
=산출세액		

* 시가 대비 저가나 고가로 양도 시 이 제도가 적용된다. 이때 소득세법상 시가가 필요하다.

양도세에서 감정가액이 개입되는 것은 주로 다음과 같은 경우에서다.

- 토지와 건물의 가액을 구분할 때(감정평가→기준시가의 순으로 구분)
- 취득가액을 환산할 때
- 이축권을 기타소득으로 신고하고자 할 때
- 가족 간의 거래가액을 책정할 때 등

2. 적용 사례

사례를 통해 앞의 내용을 확인해보자.

Q1. 양도세 계산 시 토지와 건물의 양도가액과 취득가액을 구분해서 계산하는 것을 원칙으로 하고 있다. 그 이유는 무엇일까?

소득세법 제94조 제1호에서 양도소득을 토지 또는 건물 등으로 구분해서 산정하도록 하고 있기 때문이다. 이러한 양도소득의 구분에 따라 장기보유특별공제 등의 적용이 달라진다.*

* 실무에서 보면 토지와 건물 외에도 영업권이나 비품 등이 뒤섞여 있는 경우가 많다. 이러한 거래에서는 양도세 과세대상을 어떤 식으로 구분하느냐에 따라 세금의 크기가 달라지는 일들이 많다. 독자들은 이러한 관점에서 다음의 내용들을 살펴보기 바란다.

Q2. 아파트의 경우에는 토지와 건물을 구분하지 않는 경우가 많다. 왜 그런가?

건물과 부속토지를 구분하지 않더라도 양도세 크기에 영향을 주지 않기 때문이다.

돌발 퀴즈

단독주택의 경우 토지와 건물의 가액을 구분해야 할 실익이 있는가?

다음의 경우가 그렇다.

- 토지와 건물의 취득 시기가 다른 경우→장기보유특별공제액의 적용법이 달라진다.
- 부속토지에 비사업용 토지가 섞여 있는 경우→비사업용 토지에 대해서는 별도로 과세방식이 적용된다. 이에 대해서는 뒤에서 살펴본다.

Q3. 상가건물은 토지와 건물을 구분하는 경우가 많다. 왜 그런가?

토지와 건물의 취득 시기가 달라 장기보유특별공제 적용법이 달라질 수 있기 때문이다.

Q4. 상가건물과 영업권 또는 비품 등을 동시에 양도하는 경우에는 토지와 건물, 영업권을 구분하는 것이 원칙이다. 왜 그런가?

이 경우에는 양도세 과세대상이 아닌 것도 있거니와 과세대상인 경우라도 장기보유특별공제액의 적용법이 달라질 수 있기 때문이다.

Q5. Q4에서 양도가액이나 취득가액은 어떤 기준으로 안분계산하는가?

이에 대해 소득세법 제100조 제2항에서는 토지와 건물의 가액을 각각 구분해서 기장하되 토지와 건물 등의 가액구분이 불분명할 때는 부가령 제64조에 따라 안분계산하도록 하고 있다(소득세법 시행령 제166조 제6항). 따라서 이 경우에는 감정평가를 받아 처리하면 깔끔하게 실무처리가 될 것으로 보인다.

Tip 양도가액과 취득가액 산정방법 요약

구분	양도가액	취득가액
원칙	실제거래가액	좌동
예외	가족 간 고가 양도 : 양도가액-증여재산가액	① 매매에 의한 취득가액이 불분명한 경우 · 매매사례가액, 감정가액 · 환산취득가액* ② 상속·증여에 의한 취득가액이 불분명한 경우 · 매매사례가액, 감정가액 · 기준시가**
규정	소득세법 제96조	소득세법 제97조의 2
1985년 1월 1일 전에 취득한 경우의 특례		1985년 1월 1일 전에 취득한 자산(상속·증여 포함)의 취득가액은 다음 중 많은 것으로 한다(소득세법 시행령 제176조의 2 제4항). ① 의제취득일(1985. 1. 1) 현재 매매사례가액, 감정가액, 환산취득가액 ② 취득 당시 실제거래가액이나 매매사례가액, 감정가액이 확인되는 경우로서 당해 자산의 실제거래가액 등과 그 가액에 취득일부터 의제취득일의 직전일까지의 보유기간의 생산자물가상승률을 곱해 계산한 금액을 합산한 가액

* 매매계약서 등의 분실로 취득가액을 알 수 없는 경우에는 환산취득가액을 적용하는 경우가 많다. 이는 다음과 같이 취득가액을 환산하는 제도를 말한다.

- $\text{환산취득가액} = \text{실지 양도가액} \times \frac{\text{취득 시 기준시가}}{\text{양도 시 기준시가}}$

** 상속이나 증여 시 시가로 신고하지 않으면 기준시가가 취득가액이 된다. 소득세법 시행령 제163조 제9항에서는 상증법에 따라 평가한 금액을 취득 당시의 실제거래가액으로 보고 있기 때문이다. 따라서 시가가 없다면 기준시가로 평가되므로 이 금액이 취득가액이 된다. 납세자로서는 불합리한 규정에 해당한다. 따라서 상속이나 증여로 받은 부동산은 시가가 존재하므로 취득가액을 환산할 수 없다.

토지와 건물의 양도가액 구분과 감정평가

상가건물의 양도와 관련해서 가장 헷갈리는 것 중 하나는 바로 상가건물을 토지와 건물로 구분하지 않고 양도하거나 취득할 때 이의 구분을 어떻게 할 것인지다. 알다시피 상가건물을 일괄공급할 때 토지와 건물로 나눠 양도차익을 구분하는 것이 원칙이기 때문이다. 다음에서는 상가를 일괄양도하거나 취득한 경우의 양도세 계산법을 알아보자.

1. 일괄공급 시 토지와 건물의 가액구분

1) 원칙

상가건물을 일괄양도하거나 취득한 경우 원칙적으로 다음과 같이 토지와 건물 가액을 구분한다.

- 감정평가를 받아 구분하면 이를 우선해서 인정한다.
- 계약 시 임의로 구분 기재해도 된다. 단, 기준시가 등으로 안분한 것에 비해 30% 이상 차이(부득이한 사유가 발생한 경우는 제외*)가 나면 기준시가 등으로 안분계산해야 한다.

* 다른 법령에서 토지·건물의 양도가액을 정한 경우와 건물이 있는 토지 취득 후 건물 철거하고 토지만 사용하는 경우 등을 말한다(2025년 이후 양도분부터 적용).

2) 예외

계약서상에 가액이 구분되지 않았거나, 가액의 구분이 불분명한 경우(단, 부득이한 사유는 제외)에는 기준시가 등의 비율로 안분한다.

2. 적용 사례

K 씨는 다음과 같은 상가를 양도하고자 한다.

자료

- 상가 일괄 양도가액 : 10억 원
- 토지와 건물의 기준시가 비율 : 7:3
- 상가취득가액(토지 2억 원, 건물 2.2억 원)
- 건물 감가상각 누계액 : 2,000만 원

Q1. 위의 경우 토지와 건물을 구분해서 양도세를 계산하는 것과 구분하지 않고 계산한 양도세는 차이가 있을까?

구분	토지와 건물을 구분하지 않은 경우	토지와 건물을 구분한 경우		
		토지	건물	계
양도가액	10억 원	7억 원	3억 원	10억 원
-취득가액(감가상각비 제외)	4억 원	2억 원	2억 원	4억 원
=양도차익	6억 원	5억 원	1억 원	6억 원
-장기보유특별공제(20%)	1.2억 원	1억 원	2,000만 원	1.2억 원

=과세표준	4.8억 원	4억 원	8,000만 원	4.8억 원
×세율	40%			40%
-누진공제	2,594만 원			2,594만 원
=산출세액	1억 6,606만 원			1억 6,606만 원

일반적으로 건물과 토지를 동시에 취득하고, 토지와 건물에 대해 모두 양도차익이 발생하면 그 결과는 같다.

Q2. 양도가액을 감정평가 받은 결과 토지는 9억 원, 건물은 1억 원이라고 하자. 이 경우 양도세는 얼마나 예상될까?

구분	토지와 건물을 구분하지 않은 경우	토지와 건물을 구분한 경우		
		토지	건물	계
양도가액	10억 원	9억 원	1억 원	10억 원
-취득가액(감가상각비 제외)	4억 원	2억 원	2억 원	4억 원
=양도차익	6억 원	7억 원	△1억 원	6억 원
-장기보유특별공제(20%)	1.2억 원	1.4원	-	1.4억 원
=과세표준	4.8억 원			4.6억 원
×세율	40%			40%
-누진공제	2,594만 원			2,594만 원
=산출세액	1억 6,606만 원			1억 5,806만 원

➔ 감정평가를 받아 토지와 건물의 가액을 구분한 결과 토지의 양도차익이 늘어나는 대신 건물은 양도차손이 발생했다. 그 결과 토지의 양도차익에 대해 장기보유특별공제액이 증가해서 양도세가 줄어드는 결과가 발생한다.

Q3. 만일 상가 일괄 양도가액에 영업권이 포함되어 있다면 이를 구분해야 하는가?

그렇다. 양도소득에 해당하는 영업권소득에 대해서는 취득가액이 없으며, 장기보유특별공제가 적용되지 않기 때문이다. 이때는 감정가액을 이용해서 구분하는 것이 일반적이다.

Q4. 만일 일괄양도가액에 비품이 포함되어 있다면 어떻게 구분해야 하는가?

비품과 부동산을 일괄공급한 경우에는 감정가액을 가지고 안분계산하거나 장부가액 등을 통해 비품 가액을 구분한 다음, 부동산을 가지고 2차 안분계산(기준시가로 안분)을 한다. 135페이지 표의 ④를 참고하기 바란다.

고가주택과 비사업용 토지의 양도 시 양도세 계산법

고가주택과 비사업용 토지를 동시에 양도하는 경우에 양도세 계산법을 알아보자. 이러한 모형은 주로 주택 부속토지가 넓은 단독주택에서 많이 찾아볼 수 있다.

1. 고가주택과 비사업용 토지의 양도세 계산법

고가주택과 비사업용 토지에 대한 양도세 계산법을 정리하면 다음과 같다.

- 건물의 정착면적으로 벗어난 면적은 양도세 비과세를 적용하지 않으며, 비사업용 토지로 보아 중과세를 적용한다.
- 비사업용 토지에 대해서는 중과세를 적용한다.
- 주택에 대해서는 비과세(12억 원 초과분은 과세)를 적용한다.

※ 비과세가 적용되는 주택의 부속토지

세법은 건물의 정착면적에 다음의 배율을 곱한 면적에 대해서만 비과세를 적용하며, 이를 벗어난 토지에 대해서는 소득세법상 비사업용 토지로 보아 중과세를 적용한다.

1. 도시지역 내의 토지
   가. 수도권 내의 토지 중 주거지역·상업지역 및 공업지역 내의 토지 : 3배
   나. 수도권 내의 토지 중 녹지지역 내의 토지 : 5배
   다. 수도권 밖의 토지 : 5배
2. 그 밖의 토지 : 10배

2. 적용 사례

사례를 통해 앞의 내용을 확인해보자.

자료

- 양도가액 : 20억 원
- 취득가액 : 10억 원
- 보유기간 : 10년
- 주택과 토지의 양도가액을 기준시가로 안분한 금액 : 주택건물 4억 원, 토지 16억 원 (이 중 비사업용 토지는 10억 원)

→ 양도 및 취득 시 주택과 비사업용 토지의 비율은 5 : 5임.

Q1. 자료를 기준으로 양도세를 계산하면?

구분	주택	비사업용 토지
양도가액	10억 원	10억 원
-취득가액(10억 원×50%)	5억 원	5억 원
=양도차익	5억 원	5억 원

-장기보유특별공제(20%)	비과세	1억 원
-기본공제		0원(가정)
=과세표준		4억 원
×세율		50%
-누진공제		2,594만 원
=산출세액		1억 7,406만 원

Q2. 만일 전체 양도차익에 대해 고가주택 비과세와 비사업용 토지 과세를 적용하면 그 결과는?

- 전체 양도차익 : 10억 원
- 주택 양도세 비과세 양도차익 : 10억 원×(12억 원*/20억 원)=6억 원

* 고가주택 기준금액을 말한다.

- 비사업용 토지 양도세 : (4억 원-8,000만 원*)×50%-2,594만 원 =1억 3,406만 원

* 4억 원×장기보유특별공제율 20%=8,000만 원

Q3. 위 둘의 결과를 비교하면 Q2가 더 유리하다. 세법은 어떤 방법을 통해 계산하도록 하고 있는가?

Q1에 의한 방법이다. 다음의 해석 등을 참조하기 바란다(일부에서 Q2처럼 적용하는 것이 타당하다는 의견이 있다. 참고하기 바란다).

※ 고가주택과 주택 부수토지(기준면적 초과) 양도세 계산방법

1. 해석(기재부 재산세제과-915, 생산 일자 : 2011. 10. 27)

거주자가 소득세법 제89조 제1항 제3호의 규정에 따라 양도소득의 비과세 대상에서 제외되는 고가주택(이에 부수되는 토지를 포함한다)을 양도하고 같은 법 시행령 제160조의 규정에 따라 해당 주택과 그 부수토지의

양도차익을 산정하는 경우로서 주택의 부수토지가 주택이 정착된 면적에 지역별로 같은 영 제168조의 12에서 정하는 배율을 곱하여 산정한 면적(이하 '기준면적'이라 한다)을 초과하는 때는 기준면적을 초과하는 토지 부분의 양도차익의 경우 같은 법 제104조의 3에 따른 비사업용 토지로서 과세되며, 주택 및 기준면적 이내 토지 부분의 양도차익의 경우 소득세법 기본통칙 95-1(고가주택의 양도차익 계산)의 계산방법에 따라 주택과 전체 부수토지의 양도차익을 구분하여 각기 산정하되, 기준면적 이내 토지 부분의 양도차익의 경우 해당 계산방법을 통해 도출된 전체 부수토지의 양도차익에서 기준면적을 초과하는 토지 부분의 양도 차익분을 공제하여 산정(단, 해당 계산방법을 통해 도출된 전체 부수토지의 양도차익보다 기준면적을 초과하는 토지 부분의 양도차익이 더 크면 그 초과금액은 없는 것으로 본다)하는 것임.

2. 심판례(조심 2008서2313, 2008. 12. 05)

소득세법 제89조 제1항 제3호 및 같은 법 시행령 제154조 제1항의 규정에 따라 1세대 1주택과 이에 부수되는 토지로서 건물이 정착된 면적에 지역별로 대통령령이 정하는 배율을 곱하여 산정한 면적 이내의 토지 양도로 인해 발생하는 소득은 비과세하도록 규정하고 있으므로, 같은 법 시행령 제160조의 고가주택에 대한 양도차익의 등의 계산방법은 소득세법 제89조 제1항 제3호의 1세대 1주택 비과세 부수토지 범위 내일 경우에 적용하는 것이 타당하다. 따라서 1세대 1주택 비과세 범위를 초과한 면적에 대해 같은 법 시행령 제160조의 고가주택에 대한 양도차익 등의 계산에 따라 양도차익을 산정하여 달라는 청구인의 경정청구를 거부한 이 건에 대한 처분은 잘못이 없는 것으로 판단된다.

건물 가액을 0으로 하는 경우의 양도세 실익분석

2025년부터 소득세법에서 건물의 공급가액을 0원으로 해도 이를 인정하는 세법 개정이 있었다. 물론 토지만을 사용하기 위해 건물을 취득할 때 그렇다. 그런데 문제는 이렇게 계약하면 양도세 계산에 영향을 줄 수 있다는 것이다. 취득 당시의 취득가액(장부가액)을 필요경비로 인정하는지가 불분명해질 수 있기 때문이다. 다음에서 이에 대해 정리해보자.

1. 세법 개정 내용

원래 소득세법 제100조 제3항에서는 토지와 건물 등을 함께 취득하거나 양도한 경우로서 그 토지와 건물 등을 구분 기장한 가액이 같은 항에 따라 안분계산한 가액(기준시가 등으로 안분하는 것을 말함)과 100분의 30 이상 차이가 있는 경우에는 토지와 건물 등의 가액구분이 불분명한 때로 봤다. 그러던 것이 2024년 12월 31일에 '다른 법령에서 정하는 바에 따라 가액을 구분한 경우 등 대통령령*으로 정하는 사유에 해당하는 경우는 제외'하는 단서 규정이 추가되었다. 이를 표로 정리하면 다음과 같다.

* 토지와 건물을 취득해서 토지만을 사용하기 위해 즉시 철거하는 경우 등이 포함된다.

구분	2024년 이전 양도	2025년 이후 양도
기준시가 등으로 안분하는 것에 비해 30% 이상 차이가 나는 경우	토지와 건물 가액을 기준시가 등으로 안분해 양도세 계산	사업자가 안분한 금액을 인정함(30% 기준 적용하지 않음).
부칙	-	이 법 시행 이후 양도부터 적용함.

2. 적용 사례

K 씨는 다음과 같은 상가건물을 양도하려고 한다.

자료

- 당초 취득가액 : 토지 5억 원, 건물 5억 원(감가상각 누계액 3억 원)
- 매매 예상가액 : 토지 20억 원, 건물 0원(기준시가로 안분 시 토지 15억 원, 건물 5억 원)
- 매수자 취득 경위 : 멸실 후 신축

Q1. 건물 가액을 0원으로 하면 부가법상 문제는 없는가?

토지만을 사용하기 위해 건물을 바로 철거한 경우에는 문제가 없다. 참고로 다음과 같은 내용도 알아두자.

- 건물을 바로 철거하지 않고 일정 기간 사용 후 철거한 경우에는 부가세 과소신고에 해당할 수 있다.
- 건물을 일정 기간 사용 후 철거 시에는 토지와 건물 가액을 안분계산하는 것이 원칙이다. 이후 건물을 철거하더라도 부가세 환급분은 추징당하지 않는다(기재부 부가세제과-371, 2017. 07. 24).*

* 세금계산서를 발급하는 것 대신 포괄양수도계약을 맺으면 부가세 없이 거래할 수 있다.

Q2. 매도자의 양도세는 얼마나 나올까? 양도가액은 기준시가로 안분한다고 하자.

구분	토지	건물	합계
양도가액	15억 원	5억 원	20억 원
-취득가액(감가비 차감)	5억 원	2억 원	7억 원
=양도차익	10억 원	3억 원	13억 원
-장기보유특별공제(30% 가정)	3억 원	9,000만 원	3억 9,000만 원
-기본공제(0원 가정)			0원
=과세표준			9억 1,000만 원
×세율			42%
-누진공제			3,594만 원
=산출세액			3억 4,626만 원

Q3. 토지 가액을 20억 원, 건물 가액을 0원으로 해서 양도세를 계산하면 얼마나 나올까? 단, 이 경우 건물 가액에 대한 취득가액은 인정받을 수 있다고 하자.

구분	토지	건물	합계
양도가액	20억 원	0원	20억 원
-취득가액(감가비 차감)	5억 원	2억 원	7억 원
=양도차익	15억 원	△2억 원	13억 원
-장기보유특별공제(30% 가정)	4억 5,000만 원	0원*	4억 5,000만 원
-기본공제(0원 가정)			0원
=과세표준			8억 5,000만 원
×세율			42%
-누진공제			3,594만 원
=산출세액			3억 2,106만 원

* 양도차손이 발생하면 이에 대해서는 장기보유특별공제가 적용되지 않는다.

Q4. 토지 가액을 20억 원, 건물 가액을 0원으로 해서 양도세를 계산하면 얼마나 나올까? 단, 이 경우 건물 가액에 대한 취득가액은 인정받을 수 없다고 하자.

구분	토지	건물	합계
양도가액	20억 원	0원	20억 원
-취득가액(감가비 차감)	5억 원	0원	7억 원
=양도차익	15억 원	0원	15억 원
-장기보유특별공제(30% 가정)	4억 5,000만 원	0원*	4억 5,000만 원
-기본공제(0원 가정)			0원
=과세표준			10억 5,000만 원
×세율			45%
-누진공제			6,594만 원
=산출세액			4억 656만 원

* 양도차손이 발생하면 이에 대해서는 장기보유특별공제가 적용되지 않는다.

Q5. 세법은 건물 가액을 0원으로 하는 경우 건물의 장부가액(취득가액-감가상각비)을 취득가액으로 인정할까?

건물이 멸실된 경우에는 토지의 양도로 보아 취득가액을 인정받기가 힘들 것으로 보인다. 다만, 저자는 다른 의견을 가지고 있다. 그 이유는 다음의 Tip에서 살펴보자.

Q6. Q5에서 건물 가액을 임의로 100만 원으로 하면 건물의 장부가액(취득가액-감가상각비)을 취득가액으로 인정받을 수 있을까?

이 경우에는 토지의 양도로 보아 건물 가액을 인정하지 않아 보인다. 유권해석을 통해 확인하기 바란다.

Tip 철거되는 건물의 취득가액이 필요경비에 산입되는 경우와 그렇지 않은 경우(양도세 집행기준)

• 97-163-40 [철거되는 건물의 취득가액이 필요경비에 산입되는 경우]
토지만을 이용하기 위해 토지와 건물을 함께 취득한 후 해당 건물을 철거하고 토지만을 양도하는 경우, 철거된 건물의 취득가액과 철거비용의 합계액에서 철거 후 남아있는 시설물의 처분가액을 차감한 잔액을 양도자산의 필요경비로 산입한다.

➔ 취득 후 바로 철거한 경우를 말한다. 이는 철거가 양도와 직접적인 관련이 있는 행위로 판단되기 때문에 건물의 취득가액과 철거비용 일부를 양도자산(토지)의 필요경비로 인정한다.

• 97-163-41 [철거되는 건물의 취득가액이 필요경비에 산입되지 않는 경우]
토지와 건물을 함께 취득하여 장기간 사용 후 건물을 철거하고 나대지 상태로 양도하는 경우에는 건물의 취득가액과 철거비용 등은 토지의 취득가액에 산입하지 아니한다.

➔ 이는 토지의 양도에 해당한다. 건물은 이미 장기간 사용되어 감가상각(감모상각)을 통해 그 가치를 소모했을 가능성이 크다. 따라서 철거와 관련된 비용은 토지의 양도와는 무관한 비용으로 간주하므로 필요경비로 산입하지 않는다.

• 97-163-42 [건물을 매매계약조건에 따라 멸실한 경우로서 건물 가액이 양도가액에 포함된 경우]
건물을 취득하여 장기간 사용 후 매매계약조건에 따라 건물을 멸실하고 토지만을 양도하는 경우로서 건물 가액이 양도가액에 포함된 경우에는 토지와 건물의 양도차익은 각각 계산하므로 건물취득가액을 필요경비로 산입할 수 있다.

※ 재산세과-1622, 2009. 8. 7.
건물과 그 부수토지를 상속받아 사용하다가 양도하면서 매수인의 요구에 따라 건물을 멸실한 후 그 부수토지만을 양도하는 경우 멸실된 건물의 취득가액은 필요경비에 해당하지 않으며, 당해 직접 지출한 건물의 철거비는 필요경비에 포함되는 것임.

➔ 양도 당시 계약에서 건물 가액이 양도가액에 포함되었다고 명시되어 있다면, 이는 건물도 양도한 것이다. 따라서 건물과 토지를 각각 별도 자산으로 보고, 건물의 취득가액은 건물 양도의 필요경비로 산입할 수 있다. 이는 계약 조건에 따라 건물의 가치가 양

도가액에 포함되었기 때문에 건물의 비용을 필요경비로 인정하는 것이다.

※ 저자 주

저자는 양도일 현재 건물이 남아 있는 경우라면 해당 장부가액은 양도세 계산 시 취득가액으로 인정하는 것이 타당하다는 견해를 가지고 있다. 다만, 과세관청은 사안별로 달리 이를 적용하고 있으므로 실무에서 건물에 대한 취득가액을 인정받기 위해서는 감정평가를 하거나, 계약서에 건물 가액을 토지가액에 포함한다는 식으로 반영해야 할 것으로 보인다.

취득가액 입증방법 1
(유상 승계취득)

양도세 계산 시 취득가액은 실제거래가액을 의미한다. 따라서 이 금액이 계약서 등에 의해 입증되면 문제가 없다. 하지만 계약서가 없거나 상속세나 증여세의 무신고로 취득가액이 없는 때도 있다. 이러한 상황에서 취득가액을 어떤 식으로 입증하는지는 당사자에게 매우 중요한 사항이 될 수 있다. 다음에서 이에 대해 알아보자.

1. 취득가액이 불분명한 경우의 적용방법

양도세 계산 시 취득가액은 실제거래가액을 원칙으로 한다. 하지만 취득가액이 불분명한 경우에는 매매사례가액, 감정가액, 환산가액 순으로 취득가액을 계산한다(상장주식은 제외). 참고로 여기서의 매매사례가액, 감정가액 또는 환산취득가액은 소득세법 시행령 제176조의 2(추계결정 및 경정) 제2항부터 제4항에서 다음과 같이 정하고 있다. 한편 양도세 계산에 필요한 취득가액은 이러한 가액 중 하나로 산정된다. 실무적으로 매매사례가액과 감정가액이 없다면 대부분 환산가액이 취득가액이 된다.*

* 다만, 양도가액이 기준시가가 된 경우에는 취득가액도 기준시가로 해야 한다.

1) 매매사례가액

양도일 또는 취득일 전후 각 3개월 이내에 당해 자산과 동일하거나 유사한 자산의 매매사례가액이 있는 경우 그 가액을 취득가액으로 한다.

2) 감정가액

양도일 또는 취득일 전후 각 3개월 이내에 당해 자산(주식 등은 제외)에 대해 2 이상*의 감정평가법인이 평가한 금액의 평가액을 취득가액으로 하는 것을 말한다. 단, 여기서 감정평가는 양도일 또는 취득일 전후 각 3개월 이내인 것에 한하므로, 이를 벗어나면 취득가액으로 인정받을 수 없다.

* 기준시가가 10억 원 이하는 1개 이상을 말한다.

3) 환산가액

이는 양도 당시의 실제거래가액, 매매사례가액 또는 감정가액을 다음과 같은 방법으로 환산해서 취득가액을 계산하는 것을 말한다.

- 양도 당시의 실제거래가액 등 $\times \dfrac{\text{취득 당시의 기준시가}}{\text{양도 당시의 기준시가}}$

이렇게 계산하면 실제 취득했던 것보다 취득가액을 높일 수 있다. 실무적으로 다운계약으로 취득한 주택, 계약서를 분실한 주택 등은 취득가액 입증이 쉽지 않다. 따라서 이런 상황이라면 취득가액을 환산하면 의외로 세금을 절약할 수 있다.

➔ 참고로 취득가액 환산 시 분양받은 아파트, 경매로 낙찰가격이 있는 경우에는 취득가액이 존재하므로 환산하는 것이 힘들 수 있다. 또한, 양도자가 실거래가로 신고한 때도 이의 적용이 힘들 수 있다. 이 외에도 환산가액 적용 전에 매매사례가액 등이 적용될 수 있음에 유의할 필요가 있다.

2. 적용 사례

유상 승계취득에 따른 취득가액 입증에 관한 사례를 알아보자.

Q1. K 씨는 수년 전에 취득한 계약서를 분실했다. 그래서 부득이 환산가액을 가지고 양도세 신고를 했다. 세무서에서는 그냥 통과시켜 줄 것인가?

세무서로서는 실제 계약서상의 금액이 중요할 것이다. 따라서 그 당시 매도자를 추적해서 계약서를 제출받거나 관할 지자체로부터 신축계약서 등을 입수해서 해당 가액으로 경정할 수 있다. 실무적으로 쟁점이 되는 부분이므로 세무 자문을 받도록 하자.

> **Q 돌발 퀴즈**
>
> **앞의 경우와 같이 계약서를 분실한 경우로서 취득 당시 유사한 재산에 대한 매매사례가액이 있다면 이를 취득가액으로 인정받을 수 있을까?**
>
> 그렇다. 다만, 해당 가액은 세법상 적법해야 한다. 예를 들어 매매사례가액이나 감정가액이 취득일 전후 3개월 이내에 있다면 해당 금액이 취득가액이 될 가능성이 크다. 이 외의 경우에는 인정받기가 힘들다(저자 카페 문의).

Q2. 서울 광진구에 거주하고 있는 P 씨는 2001년 10월 30일에 1억 5,000만 원에 주택을 샀는데 계약서를 분실했다. 이 주택을 양도하려고 하는데 양도가액이 7억 5,000만 원으로 많은 세금이 예상된다. 어떻게 하면 절세할 수 있을까?

이런 상황이라면 매매사례가액이나 감정가액 등을 확인해보고 안 되면 다음과 같이 취득가액을 환산할 수 있다. 예를 들어 취득 시의 기준시가가 1억 원, 양도 시의 기준시가가 4억 원이라면 다음과 같이 환산할 수 있다.

• 환산취득가액 = 7억 5,000만 원 × $\frac{\text{취득 시 기준시가(1억 원)}}{\text{양도 시 기준시가(4억 원)}}$ = 1억 8,750만 원

Q3. 현재 시점에서 Q2의 취득가액에 대해 감정평가를 하면 인정이 될까?

일반적으로 평가기간을 벗어난 감정가액은 인정이 되지 않는다(조심 2012서2247, 2012. 7. 19). 다만, 취득 당시에 미리 준비해놓은 감정평가서가 있다면 해당 금액은 인정된다.

→ 취득가액 환산과 관련해서는 취득일 전후 3개월 내에서 감정평가가 되어야 향후 해당 금액을 취득가액으로 인정받을 수 있다(단, 감정평가로 취득가액을 입증하면 5% 가산세*가 있음에 유의할 것). 이때 감정가액은 2개가 원칙이나 기준시가가 10억 원 이하면 1개도 가능하다.

* 거주자가 건물을 신축 또는 증축(증축의 경우 바닥면적 합계가 85㎡를 초과하는 경우에 한정한다)하고 그 건물의 취득일 또는 증축일부터 5년 이내에 해당 건물을 양도하는 경우로서 감정가액 또는 환산취득가액을 그 취득가액으로 하는 경우에는 해당 건물의 감정가액(증축의 경우 증축한 부분에 한정한다) 또는 환산취득가액(증축의 경우 증축한 부분에 한정한다)의 100분의 5에 해당하는 금액을 양도소득 결정세액에 더한다(소득세법 제114조의 2).

Q4. 납세자가 환산취득가액으로 신고하면 과세당국은 기준시가로 결정할 수 있을까?

아니다. 실제 취득가액이 불분명한 경우 매매사례가액, 감정가액, 환산가액, 기준시가로 결정·경정이 가능하나 기준시가의 경우 양도가액을 기준신고로 결정·경정한 경우에만 적용하기 때문이다(양도세 집행기준 96-0-1).

취득가액 입증방법 2
(무상취득)

상속이나 증여로 부동산을 취득한 경우 취득가액 산정방법에서 앞의 일반취득과 차이가 나는 부분이 있다. 다음에서 이에 대해 간단히 정리해보자.

1. 상속

1) 신고한 경우

상속세를 신고한 경우에는 신고 당시의 가액이 취득가액이 된다.

2) 무신고한 경우

상속세를 무신고한 경우에는 그 당시의 재산평가액이 취득 당시의 가액이 된다. 이러한 상황에서는 시가평가를 먼저 하고 없는 경우에는 기준시가로 평가해야 한다. 이때 시가평가는 다음과 같은 절차에 따른다(심사상속 2021-11, 2021. 11. 10 참조).

첫째, 평가기간 내의 당해 재산과 유사재산에 대해 매매사례가액, 감정가액 등이 있는지를 순차적으로 조사한다.

둘째, 평가기간 밖의 당해 재산과 유사재산에 대해 매매사례가액, 감정가액 등이 있는지를 순차적으로 조사한다(실무상 의미가 없다).

셋째, 위 작업의 결과 시가가 밝혀지면 해당 가액으로 상속세와 증여세를 기한 후 신고를 한다. 이후 과세관청은 이에 대해 상속재산가액 등을 확정한 후에 해당 가액을 양도세 취득가액으로 인정한다(선 재산가액 경정 후 양도세 취득가액 인정).

3) 사례

Q1. 수년 전에 상속을 받은 부동산을 지금 양도하고자 한다. 이때 상속 부동산의 취득가액은 어떻게 책정하는가? 단, 상속세는 신고했다.

상속 당시의 신고한 가액을 취득가액으로 한다.

Q2. Q1에서 상속세는 무신고를 해서 기준시가로 상속재산가액이 결정되었다. 그런데 그 당시 감정받은 가액이 있었다. 이를 취득가액으로 할 수 있을까?

그렇다. 다만, 해당 가액을 양도세 계산 시 취득가액으로 인정받기 전에 상속재산가액이 수정되어야 한다. 관할 세무서에서 해당 사항을 결정한다.

→ 상속의 경우에는 상속 전후 6개월(1년)을 기본으로 평가기간 밖에서도 시가평가를 할 수 있다. 따라서 상속세를 무신고한 경우에는 상속세에 대한 시가평가의 규정을 적용해 이에 대한 시가를 찾아내야 한다. 만일 시가가 없다면 기준시가가 시가 역할을 하게 된다.

Q3. 상속개시일 전후 6개월 이내에 감정평가를 받아뒀지만, 상속세 신고를 하지 아니하는 경우 해당 가액을 취득가액으로 인정받을 수 있을까?

그렇다(서면 인터넷방문상담 4팀-158, 2008. 01. 17 참조).

→ 상속세를 신고하지 아니하여 상속재산가액이 기준시가로 결정된 경우로서 추후 양도세 신고 시 매매사례가액, 감정가액 등으로 신고하는 경우 관할 세무서에서 상속재산에 대한 시가로 인정되는지를 판단해서 시가에 해당되는 경우 상속재산가액을 경정 결정하는 것이며, 이에 해당되면 양도자산의 취득가액으로 인정된다.

Q4. 상속세를 무신고한 경우 기한 후 신고를 통해 평가액을 올릴 수 있을까?

법정신고기한 내에 상속세 과세표준신고서를 제출하지 않은 경우 관할세무서장이 과세표준과 세액을 결정해서 통지하기 전까지 국세기본법 제45조의 3에 의한 기한 후 신고를 할 수 있다. 다만, 이 경우 감정가액으로 소급해서 신고할 수는 없다. 평가기간이 지났기 때문이다.

→ 평가기간 내에 매매사례가액 등이 있으면 이의 가액으로 기한 후 신고할 수 있다. 이후 해당 매매사례가액 등을 양도세 신고 시 취득가액으로 할 수 있다. 다만, 이 과정에서 과세관청은 상속세를 먼저 결정하므로 상속세 추징 여부를 검토해야 한다.

Q5. 상속개시일로부터 6개월 이내에 양도한 경우 취득가액은?

평가기간 내에 상속받은 부동산을 양도하면 해당 양도가액이 상속재산가액이 되고, 이 가액은 양도 시 취득가액이 된다. 따라서 이 경우 다음과 같은 관계가 형성된다.

- 양도가액→상속재산가액 : 이에 대해 상속세가 과세된다.

• 상속재산가액→취득가액 : 양도가액과 취득가액이 같아지므로 양도세는 나오지 않게 된다.

2. 증여

1) 신고한 경우

증여세를 신고한 경우에는 신고 당시의 가액이 취득가액이 된다.

2) 무신고한 경우

증여세를 무신고한 경우에는 앞의 상속세와 같은 절차에 따라 재산평가를 한 후의 가액을 취득가액으로 한다.

3) 취득가액 이월과세와 취득가액

배우자나 직계존비속으로부터 증여받은 후 10년(2022년 이전 증여분은 5년) 이내에 양도 시 취득가액을 증여 당시의 가액이 아닌 증여한 자가 취득한 가액으로 하는 제도가 적용되고 있다.*

* 이에 대한 자세한 내용은 저자의 다른 책들을 참조하기 바란다.

이축권, 영업권 등과 감정평가

이러한 권리도 모두 부동산과 관련이 있으며, 시가의 하나인 감정가액과 관련성이 있다. 다음에서는 이축권과 영업권 등에 대한 과세방식에 대해 알아보자.

1. 이축권

1) 이축권이란

이축권은 기존의 건축물을 철거하거나, 철거된 건축물을 다른 장소로 이전하거나, 같은 대지 내에서 건축물의 위치를 변경해서 다시 건축할 수 있는 권리를 말한다.

2) 이축권과 세법

2020년 1월 1일에 개정된 소득세법 제94조 제1항, 같은 법 시행령 제158조의 2에 따르면 '이축권'은 양도소득으로 과세하나, 감정평가한 금액을 별도로 구분 신고한 경우에는 기타소득으로 과세하고 있다.*

* 기타소득은 근로소득 등과 합산해서 종합과세로 신고해야 한다. 이때 이축권의 필요경비는 이축권 가액의 60%로 한다.

사례를 통해 앞의 내용을 확인해보자.

자료

- 지장물과 이축권 등 총 양도가액 : 5억 1,000만 원(이축권 감정가액 5억 원)
- 지장물 취득가액 : 1,000만 원
- 보유기간 : 40년

Q1. 이축권을 단독으로 양도하면 이는 기타소득에 해당하는가?

이축권을 토지 또는 건물과 함께 양도하는 경우에는 양도소득으로 과세되나, 이축권 가액을 별도로 감정평가(1개 이상)해서 구분 신고하는 경우에는 기타소득으로 과세된다.

Q2. 기타소득으로 과세하는 경우, 필요경비는 어떻게 계산하는가?

이축권에 대한 필요경비는 지급금액의 60%를 적용한다(소득세법 제21조).

Q3. 사례의 경우 이축권이 양도소득 또는 기타소득에 해당하면 세금은 얼마나 차이가 날까?

먼저 양도소득으로 과세되는 경우를 보자. 단, 장기보유특별공제 등은 없다고 하자.

- 양도차익=5억 원(5억 1,000만 원-1,000만 원)
- 산출세액=5억 원×40%-2,594만 원=1억 7,406만 원

다음으로 이축권이 기타소득으로 처리된다고 하자.

- 지장물 양도세=0원(양도차익 발생하지 않음)
- 기타소득세

-과세표준=5억 원×(1-60%)=2억 원

-산출세액=2억 원×38%-1,994만 원=5,606만 원

2. 영업권

1) 영업권이란

영업권은 단골, 우량한 거래처 등으로 인해 발생할 수 있는 초과수익력을 현재가치로 평가한 것을 말한다.

2) 영업권과 세법

영업권을 별도로 양도하면 기타소득(필요경비 60%)에 해당하나, 부동산과 함께 양도하는 영업권은 양도소득에 해당한다(소득세법 제94조 제1항 제4호 가목). 이때 양도세는 다음과 같이 계산한다.

구분	부동산	영업권	계
양도가액	실제 양도가액	좌동	
-취득가액	실제 취득가액	좌동	
=양도차익	×××	×××	×××
-장기보유특별공제	6~30%	적용 불가(권리)	
=양도소득 금액	동일 세율 적용 시 합산		
-기본공제	1회만 적용		
=과세표준	×××	×××	×××
×세율	보유기간에 따른 세율 등	6~45%(기타 자산)	
=산출세액	×××	×××	×××

사례를 통해 앞의 내용을 확인해보자.

자료

• 부동산과 영업권 총 양도가액 : 10억 원(영업권 감정가액 2억 원)
• 부동산 취득가액 : 5억 원

Q1. 영업권을 단독으로 양도하는 경우에는 기타소득인가?

그렇다. 이는 기타소득으로 과세한다. 참고로 영업권에 대한 필요경비는 지급금액의 60%가 된다(소득세법 제21조).

Q2. 영업권을 부동산과 함께 양도하면 이 경우에는 양도소득에 해당하는가?

그렇다.

Q3. 사례의 경우 영업권이 양도소득 또는 기타소득에 해당하면 세금은 얼마나 차이가 날까?

먼저 양도소득으로 과세되는 경우를 보자. 단, 장기보유특별공제 등은 없다고 하자.

• 양도차익=5억 원(10억 원-5억 원)
• 산출세액=5억 원×40%-2,594만 원=1억 7,406만 원

다음으로 영업권이 기타소득으로 처리된다고 하자.

• 부동산 양도세
  -양도차익=3억 원(8억 원-5억 원)
  -산출세액=3억 원×38%-1,994만 원=9,406만 원
• 기타소득세
  -과세표준=2억 원×(1-60%)=8,000만 원
  -산출세액=8,000만 원×24%-576만 원=1,344만 원
• 계 : 1억 750만 원

양도세 부당행위계산과 시가

일반적으로 매매 시 시가는 시장에서 거래되는 가격으로 봐도 문제는 없다. 하지만 시장에서 거래된 경우라도 가족 간의 거래가액에서 왜곡이 발생할 경우가 있다. 이때 과세관청은 시가와의 거래가액의 차액에 대해 과세할 가능성이 있다. 다음에서 이에 대해 정리해보자.

1. 부동산거래와 시가

1) 제3자와 거래한 경우

시장에서 정상적으로 거래되면 해당 가격은 세법상 시가로 인정된다. 다만, 제3자와 거래에서 정당한 사유 없이 시가의 30%에 미달 또는 초과해서 거래하면 이익을 본 자에게 증여세를 과세할 수 있도록 하고 있다(상증법 제35조).

➔ 실무에서 보면 후단에 의해 과세되는 경우가 거의 없다. 정당한 사유 없이 제3자에게 저가나 고가로 거래하는 경우가 없기 때문이다. 따라서 이 경우에는 과세관청이 개입할 가능성은 거의 없다.

2) 가족 간에 거래하는 경우

가족 간에 거래하는 때도 실제거래가액을 인정한다. 하지만 세법상의 시가보다 저가나 고가로 거래한 경우에는 부당행위 등으로 보아 시가에 맞춰 과세하는 제도를 두고 있다. 표의 괄호 안은 시가의 5%(30%), 차액 3억 원 이상 거래 시 부당행위계산과 증여세가 과세됨을 말한다.

구분	양도세	취득세	증여세
저가 양수도	시가로 과세 (5%, 3억 원)	시가로 과세 (5%, 3억 원)	증여세 과세 (30%, 3억 원)
고가 양수도	'양도가액-증여재산가액' 으로 과세*	규제 없음.**	증여세 과세

* 개인에게 양도세 과세대상 자산을 고가양도한 경우에는 양도자에게 증여세를 먼저 과세하고 그 증여재산가액을 양도가액에서 뺀 금액으로 해서 양도세를 계산한다. 이때 양도자의 증여재산가액은 '대가-시가-Min(시가의 30%, 3억 원)'으로 계산한다. 한편 특수관계인으로부터 고가로 취득한 자의 경우에는 부당행위계산이 적용되므로 향후 해당 자산을 양도할 때 취득가액은 시가로 해야 한다. 고가로 취득한 가액을 인정하면 양도세가 부당하게 줄어들기 때문이다.

** 취득세는 고가취득에 대해 부당행위계산제도를 적용하지 않는다.

→ 양도세에서의 시가는 취득일 또는 양도일 전후 3개월간의 매매사례가액, 감정가액 등을 말한다. 자세한 내용은 이 장의 절세탐구를 참조하기 바란다.

2. 적용 사례

K 씨는 다음과 같은 부동산을 자녀에게 매도하려고 한다. 물음에 답해보자.

자료

- 아파트 : 시가 5~6억 원
- 기준시가 : 4억 원

Q1. 매매가격을 4억 원으로 하면 어떤 문제가 있을까?

시가가 밝혀지지 않으면 문제가 없으나, 아파트의 경우 다양한 경로를 통해 시가가 확인되는 경우가 많다. 따라서 향후 시가가 밝혀지면 이를 기준으로 다음과 같이 과세되는 문제점이 발생한다.

- 취득세와 양도세가 추징될 수 있다.
- 증여세가 추징될 수 있다.

Q2. 시가에 맞춰 거래하고자 할 때 매매가격을 어떻게 산정해야 할까?

다음의 국토교통부와 국세청 홈택스 홈페이지를 통해 해당 재산과 유사한 재산의 매매사례가액 등을 찾는다.

구분	국토교통부	국세청 홈택스
매매사례가액	실거래가 조회	증여재산평가 조회

→ 단, 실무적으로 국세청 홈택스상의 자료가 더 적합하다. 이에 대한 자세한 내용은 2장에서 살펴봤다.

Q3. 감정평가를 받아서 이를 참고하면 어떻게 될까?

감정가액은 모든 가격에 우선한다. 따라서 정당하게 평가되었다면 이 금액이 시가로 인정된다. 따라서 이를 시가로 보고 이를 참작해서 거래가격을 정하면 세법상 문제가 없을 것으로 보인다.

Q 돌발 퀴즈

감정가액이 5억 원이라면 거래금액을 반드시 5억 원으로 책정해야 하는가?

아니다. 부당행위계산을 적용받지 않는 선에서 5% 정도 인하한 가격도 문제가 없다.

절세탐구 양도세 부당행위계산과 시가평가분석

양도세 관련 부당행위계산 적용 시 시가평가가 필요하다. 그렇다면 실무적으로 이 시가는 어떤 식으로 평가할까?

1. 소득세법상 양도세 부당행위계산 판정 시 시가 규정

이에 대해서는 소득세법 시행령 제167조 제5항에서 다음과 같이 규정하고 있다.

> ⑤ 제3항 및 제4항을 적용할 때 시가는 상증법 제60조부터 제66조까지와 같은 법 시행령 제49조, 제50조부터 제52조까지 등의 규정을 준용하여 평가한 가액에 따른다. 이 경우 상증령 제49조 제1항 각 호 외의 부분 본문 중 "평가기준일 전후 6개월(증여재산의 경우에는 평가기준일 전 6개월부터 평가기준일 후 3개월까지로 한다) 이내의 기간"은 "양도일 또는 취득일 전후 각 3개월의 기간"으로 본다.

위의 규정을 요약하면 다음과 같다.

- 양도세 부당행위계산 적용 시 시가는 상증법 제60~61조 등과 상증령 제49조 등을 준용한다. 상증령 제49조는 평가기간 내와 밖의 시가평가에 대해 정하고 있다.
- 이때 평가기간은 양도일 또는 취득일 전후 3개월로 한다.

→ 결국, 소득세법상 시가평가는 평가기간만 양도일 등 전후 3개월로 바뀔 뿐 나머지는 모두 상증법상의 시가평가제도를 따른다고 볼 수 있다(단, 해당 규정이 다소 모호한 부분이 있으므로 실무 적용 시에는 반드시 유권해석 등을 통해 확인하기 바란다).

2. 소득세법상 양도세 시가판정과 세무상 쟁점

앞에서 살펴본 특수관계인 간의 거래 시 양도세 부당행위계산 적용을 위한 시가판정과 관련해서 다양한 쟁점이 발생한다. 사례로 정리해 보자.

Q1. 소득세법상 양도세 부당행위계산을 적용하기 위한 시가는?

평가기간 내에 있는 당해 재산과 유사재산에 대한 매매사례가액 그리고 감정가액 등이 이에 해당한다.

Q2. 평가기간 밖의 시가평가액도 인정하는가?

그렇다. 평가기간 밖의 매매사례가액 또는 감정가액 등도 상증법을 준용하므로 이에 따른 평가액도 시가로 인정하는 것으로 보인다. 따라서 이에 따라 시가가 확인되면 소득세법상 부당행위계산 규정을 적용할 수 있을 것으로 보인다.

Q3. 사례에서 상증법상 기준시가가 시가의 역할을 한다고 하자. 이때 기준시가가 4억 원이라고 하자. 이때 특수관계인 간 거래가액이 5억 원이라면 부당행위계산 규정을 적용할까?

상증법상 시가가 4억 원이고 거래가액이 5억 원이므로 5%를 벗어난다. 따라서 이론상 이 규정이 적용된다고 할 수 있다. 하지만 실제 이 규정이 적용될지는 불분명하다.

Q4. Q3에서 본 것 같은 문제점을 예방하기 위해서는 어떻게 하는 것이 좋을까?

특수관계인 간의 거래 시에는 시가를 먼저 확정시켜야 하는데, 이때 감정가액을 고려하는 것이 좋을 것으로 보인다.

Tip 저가 양수도에 대한 부당행위계산과 증여의 관계

저가 양수도와 관련해 소득세법상 부당행위계산과 상증법상 증여규정을 적용할 때 시가평가는 어떻게 하는지와 그에 따른 거래당사자의 과세방식에 대해 정리해보자.

구분	저가 양도자	저가 양수자
적용되는 제도	소득세법상 부당행위계산	상증법상 저가 양수 증여
시가평가	상증법 준용(평가기간 : 양도일 전후 3개월 평가기간) ➔ 평가기간 밖도 상증법 준용(저자 의견)	상증법(평가기간 : 증여일 전 6개월 ~후 3개월, 평가기간 밖도 평가)
둘의 관계	· 소득세법상 시가로 거래 시 : 부당행위계산 규정 적용하지 않음. · 소득세법상 시가로 거래하지 않을 시 : 부당행위계산 규정 적용함.	· 증여규정 적용하지 않음(다음 양도세 집행기준 참조). · 증여규정 적용함.

※ 양도세 집행기준 35-26-4(개인과 개인의 거래 시 양도·양수 대가가 소득세법의 시가에 해당하는 경우의 증여세 과세 여부)

개인과 개인 간에 재산을 양수 또는 양도하는 경우로서 그 대가가 소득세법의 시가*에 해당해 부당행위계산 규정이 적용되지 아니할 때는 저가·고가 양도에 따른 이익의 증여규정을 적용하지 아니한다(거짓이나 그 밖의 부정한 방법**으로 상속세 또는 증여세를 감소시킨 것으로 인정되는 경우는 제외함).

* 상증법상 시가평가제도를 준용한다.

** 거짓이나 부정한 방법 등의 범위에 대해서는 유권해석으로 확인해야 할 것으로 보인다.

Q. 사례의 부동산이 매매사례가액이 없는 토지라고 하자. 이 경우 시가를 확인할 수 없어 기준시가 4억 원을 참고삼아 거래가액을 정한 후 양도세와 취득세를 계산했다고 하자. 이 경우 저가 양도에 따른 증여세가 과세될까?

먼저 소득세법상 저가 양도에 따라 시가가 확인되지 않으면 해당 거래가액을 인정할 수밖에 없다. 이러면 상증법상 저가 양도에 따른 증여규정이 적용되지 않는 것이 원칙이다. 다만, 거짓 등이 개입되는 경우에는 그렇지 않다.

제7장

감정평가로 상속세와 증여세를 줄이는 방법

상증세와 과세기준

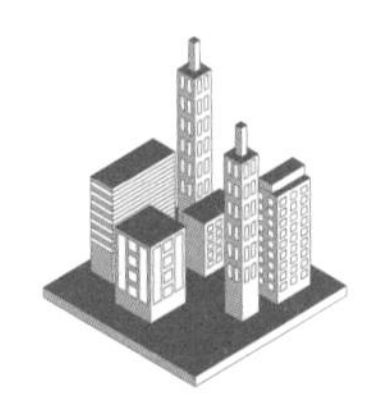

상속세와 증여세는 부동산 등의 무상이전에 대해 과세되는 세금을 말한다. 전자는 사후에, 후자는 생전에 과세된다. 따라서 이 둘의 세목은 상당히 밀접한 관계를 맺고 있다. 그렇다면 상증세에서 감정평가는 어떤 식으로 개입할까? 다음에서 이에 대해 알아보자.

1. 상증세 계산구조

상속세와 증여세 계산구조는 그 흐름이 매우 유사하다. 다만, 내용에서 차이가 다소 존재할 뿐이다. 예를 들어 비과세 범위나 공제항목 등에서 그렇다. 그런데 상속은 부득이하게 발생하므로 인위적으로 발생하는 증여보다는 공제액이 더 많다. 구체적으로 상속공제는 최소 10억 원(배우자가 없는 경우는 5억 원), 증여공제는 배우자 간은 6억 원, 성년자녀는 5,000만 원 등이 적용된다. 한편, 사전에 증여횟수를 늘리면 상속세가 줄어들게 되므로 이를 방지하기 위해 상속개시일로부터 소급해서 10년(상속인 외의 자는 5년) 이내에 증여한 가액은 상속재산가액에 포함해서 상속세로 정산한다. 다음에서는 이러한 점에 유의해서 관련 내용을 살펴보자.

상속세		증여세	
	상속재산가액		증여재산가액
(-)	비과세·채무 등	(-)	비과세·채무 등
(=)	상속세 과세가액	(=)	증여세 과세가액
(-)	상속공제	(-)	증여재산공제
(=)	과세표준	(=)	과세표준
(×)	세율(10~50%)	(×)	세율(10~50%)
(=)	산출세액(할증세액 포함)	(=)	산출세액(할증세액 포함)
(-)	신고세액공제	(-)	신고세액공제
(=)	결정세액	(=)	결정세액
(+)	가산세	(+)	가산세
(=)	최종 납부할 세액	(=)	최종 납부할 세액

상증세에서 시가평가는 주로 상속 또는 증여재산가액을 정할 때 이뤄진다. 이때 시가평가는 다음과 같은 원칙에 따라 진행된다.

- 상속이 발생하거나 증여가 발생한 경우 : 당해 재산에 대한 시가평가→유사재산에 대한 시가평가→평가심의위원회의 심의
- 사전에 증여한 증여재산가액이 있는 경우 : 사전 증여일을 기준으로 시가평가*

* 사전증여가 있고 난 뒤 증여가 있으면 10년 동일인 증여세 합산과세를 적용한다. 한편 사전증여 후 상속이 발생하면 10년(상속인 외의 자는 5년) 상속세 합산과세를 적용한다.

2. 적용 사례

K 씨는 다음과 같은 상속재산을 신고하려고 한다. 물음에 답해보자.

자료

- 상속개시일 현재 보유한 부동산(기준시가 10억 원, 시가는 모름)
- 3년 전에 배우자한테 증여한 부동산(기준시가 3억 원으로 신고하지 않았음. 현재의 시가는 5억 원임)

Q1. 상속개시일 현재 보유한 부동산에 대한 재산평가는 어떻게 해야 하는가?

상증법에서 제시하고 있는 방법대로 평가해야 한다. 먼저 당해 재산에 대해 시가평가를 하고 없으면 유사재산의 순으로 시가평가를 한다. 만약 유사재산에 대한 시가도 없다면 기준시가로 평가할 수밖에 없다.

→ 단, 기준시가로 신고한 경우 과세관청의 감정평가대상이 될 수 있음에 유의해야 한다.

Q2. 3년 전에 배우자한테 증여한 부동산에 대해서는 평가를 어떻게 해야 하는가?

3년 전 증여일 현재를 기준으로 시가평가를 해야 한다. 만일 그 당시의 시가가 없다면 기준시가로 평가해야 할 것으로 보인다.

Q3. Q2처럼 기준시가로 평가한 때도 과세관청의 감정평가대상이 될 수 있는가?

아니다. 신고 이전에 발생한 것에 대해서는 감정평가를 할 수 없다. 이는 소급감정에 해당하기 때문이다.

상속세와 증여세 재산평가방법

상속세와 증여세 신고 중 납세자와 가장 마찰이 심한 항목은 바로 상속이나 증여재산의 평가와 관련된 곳이다. 재산평가를 어떻게 하느냐에 따라 세금의 크기가 달라지기 때문이다. 예를 들어 시세는 10억 원이나 기준시가는 5억 원인 부동산을 증여한다고 하자. 그리고 공제금액이 없다면 둘의 세금 차이는 대략 1억 5,000만 원(5억 원×30%) 정도가 난다. 따라서 당장에 세금을 줄이고 싶은 납세의무자는 기준시가를 선호하고 세금을 더 거두고자 하는 과세관청은 시가를 선호하는 등 이해가 상반되게 된다. 하지만 기준시가 신고가 항상 좋은 것만은 아니며, 시가 신고가 항상 나쁜 것만은 아니다. 납세자가 처한 환경에 따라 결과가 달라질 수 있기 때문이다. 그래서 상황에 맞게 신고를 어떤 식으로 하는 것이 좋을지 정확히 분석하는 것이 좋다.

1. 기준시가로 신고할 경우의 장단점

장점은 상속 또는 증여 당시에 세금을 아낄 수 있다는 것이다. 일반적으로 기준시가는 시가보다 상당히 낮다. 따라서 당장 상속세나 증여세를 아끼려면 기준시가 신고가 가능하다. 하지만 신고된 재산을 양도하는 경우에는 양도세가 증가할 수 있다. 왜냐하면, 양도세에서의 취득가액은 상속 또는 증여 당시의 평가금액으로 하기 때문이다. 양도가액은 실거래가인 데 반해 취득가액이 기준시가로 굳어지면 양도차익이 많아질 수 있다. 하지만 기준시가로 신고를 하더라도 양도세가 없거나 얼마 되지 않으면 기준시가가 신고에 유리하다. 예를 들어 증여를 받은 자가 증여 후에 1세대 1주택 비과세를 받는 경우가 대표적이다.

이와 반대로 기준시가 신고가 불리한 경우는 향후 양도세를 내는 상황에서 차익이 많이 발생하고 높은 세율이 적용될 때다.

2. 시가로 신고하는 경우의 장단점

시가로 신고하면 우선 세금이 많아진다. 따라서 당장 현금유출이 많아지므로 이 점이 단점이라고 할 수 있다.

하지만 시가 신고가 반드시 나쁜 것은 아니다.

향후 양도를 고려하면 높은 취득가액은 낮은 양도세를 의미하기 때문이다. 예를 들어 1억 원에 산 부동산이 현재 5억 원(기준시가 3억 원)이 된다고 하자. 이 자산을 배우자에게 증여하고 수증자가 10년 후에 5억 원에 양도한다고 하자. 이렇게 되면 시가로 신고하는 것이 세금을 줄이는 길이 된다.

기준시가로 신고하는 경우		시가로 신고하는 경우	
	양도가액 5억 원		양도가액 5억 원
(-)	취득가액 3억 원	(-)	취득가액 5억 원
(=)	양도차익 2억 원	(=)	양도차익 0원

이처럼 시가로 증여세를 신고하고 난 후 이를 10년이 지나서 양도할 때 양도세 계산상 취득가액은 증여 당시의 신고액이 되므로 양도세가 줄어드는 이점이 발생한다. 이러한 현상은 다양한 곳에서 발생하고 있다. 예를 들어 상속 후 6개월 이내에 상속받은 부동산을 양도하면 양도세가 발생하지 않는다. 6개월 이내에 거래된 금액은 양도가액이 되는 동시에 상속재산가액이 되어 양도차익이 0원이 되기 때문이다. 다만, 이 경우에는 상속재산가액이 늘어나게 되므로 상속세가 많이 나올 수 있다. 이러한 내용은 종합적인 자산관리의 관점에서 매우 중요한 정보에 해당한다.

3. 세법상의 재산평가 기준

세법에서는 다음과 같은 순서로 평가하도록 하고 있다. 즉, 납세의무자가 자의적으로 선택할 수 없도록 하고 있다.

> 시가(매매사례가액·감정가액·수용·경매가격 포함) → 보충적 평가방법(기준시가 등)

시가가 존재한다면 상속세와 증여세는 시가로 과세를 하게 된다. 그러나 시가가 존재하지 않으면 보충적인 평가방법이 필요할 수밖에 없다. 여기서 보충적인 방법이란 부동산의 경우에는 통상 기준시가를, 기타의 경우에는 법으로 정해져 있다. 그런데 여기서 간과하면 안 될 것은 시가가 없다고 안심하고 기준시가 등으로 신고하면 안 된다는 것이다. 앞에서 자주 봤듯이 기준시가 신고 시 과세관청의 감정평가사업 대상이 될 수 있기 때문이다. 따라서 납세자나 세무대리인들은 이러한 내용에 항상 주의를 기울일 필요가 있다.

<table>
<tr><th colspan="2">원칙적 평가방법</th><th rowspan="2">보충적 평가방법*</th></tr>
<tr><th colspan="2">시가</th></tr>
<tr><td>불특정다수인 간의 거래금액 (시장가격)</td><td>① 해당 재산에 대한 평가기간 중의 다음의 가격
- 매매사례가액
- 경매·공매·수용가액
② 위 ①의 가격이 없는 경우 위치·면적 등이 유사한 재산에 대한 평가기간 중의 다음의 가격
- 매매사례가액
- 경매·공매·수용가액</td><td>· 부동산 : 기준시가, 환산가액 등
· 기타 재산 : 법정</td></tr>
</table>

* 현행 상증법에서 보충적 평가방법인 기준시가로 신고가 가능한 경우는 다음과 같다.

- 평가기간 내에 시가(매매사례가액, 감정가액 등 포함)가 없는 경우
- 평가기간 밖(2년 이내~상증세 결정기한)에 시가가 없는 경우

Tip 상속·증여재산평가 전략

1. 상속

- 상속세 부담이 없는 경우에는 가급적 시가(감정가액 등)로 재산을 평가한다.
- 상속세 부담이 큰 경우에는 보충적 평가방법*으로 평가하되, 여의치 않으면 시가를 최소화하는 전략을 취득한다. 단, 아파트는 감정평가를 받되 시장가격이 약세인 시점을 골라 감정가액을 최소화한다.

* 단, 고액의 부동산에 대해서는 과세관청이 감정평가를 받을 수 있다는 점에 늘 유의해야 한다.

2. 증여

- 상속이 임박해서 상속세 합산과세가 적용될 것으로 예상한 경우에는 가급적 증여를 최소화한다. 증여일 당시의 신고가액이 상속재산가액에 합산되기 때문이다. 따라서 이때는 증여 대신 매매 등을 선택하도록 한다. 매매는 거래가액을 일정 부분 낮출 수 있는 여지가 있으며, 상속세 합산과세가 적용되지 않기 때문이다.
- 상속이 임박하지 않은 경우로서 배우자에게 증여한 경우에는 증여공제 6억 원을 활용해 재산가액을 정해 신고하도록 한다. 한편 자녀의 경우에는 5,000만 원 정도만 공제되므로 이를 감안해 신고가액이 최소화되도록 하는 안을 마련한다(부담부증여 등 활용).

상속세 및 증여세와 감정평가 기준

감정가액이 모두 세법상의 시가로 인정되는 것은 아니다. 세법에서 정한 요건을 충족한 것만 시가로 인정하기 때문이다. 다음에서는 상증법에서는 감정가액을 어떤 식으로 인정하는지 이에 대해 알아보자.

1. 상증법상 감정평가 관련 규정

상증령 제49조에서는 시가에 해당하는 감정가액을 다음과 같이 정하고 있다.

첫째, 상속개시일 또는 증여일(평가기준일) 전후 6개월(증여재산은 평가기준일 전 6개월부터 후 3개월까지) 이내에 이뤄진 감정가액은 시가로 인정될 수 있다.

둘째, 시가는 평가기준일에 가장 가까운 날의 가액(여러 가액이 있으면 평균액)을 적용한다. 이때 감정가액을 포함한 가액의 판단기준은 다음과 같다.

- 매매사례가액 : 매매계약일 기준으로 판단
- 감정가액 : 가격산정기준일 및 감정가액평가서 작성일 기준
- 보상·경매·공매가액 : 보상가액, 경매가액, 공매가액이 결정된 날 기준

셋째, 다만, 다음의 조건에 해당한 감정가액은 시가에서 제외한다.

- 상속세 및 증여세 납부목적에 적합하지 않은 경우
- 평가기준일의 원형대로 감정되지 않은 경우

한편 감정가액이 기준시가 및 평가된 시가의 90% 중 적은 금액에 미달할 경우 다른 감정기관을 통해 감정을 의뢰할 수 있다. 이 외에도 감정가액이 다른 감정기관이 감정한 평가액의 80%에 미달할 경우 부실감정으로 간주할 수 있다.

2. 적용 사례

K 씨는 다음과 같이 감정평가를 추진하려고 한다. 감정평가의 목적은 증여세 신고에 있다.

자료

- 현재 시점 : 2025년 4월 1일(가정)
- 평가기준일 : 2025년 5월 1일(가정)
- 기준시가 : 5억 원

Q1. 평가기간은 어떻게 되는가?

증여의 경우 평가기간은 평가기준일 전 6개월부터 후 3개월까지다. 따라서 사례의 평가기간은 2024년 11월 1일부터 2025년 8월 1일까지다.

➔ 참고로 세법상 시가로 인정되는 감정가액은 평가기간 내에 가격산정 기준일과 감정가액평가서 작성일이 포함되어야 한다. 이는 평가기간 내에서 특정한 날을 기준으로 평가해야 함을 말한다.

Q2. 평가가격 산정일을 2024년 12월 2일로 할 수 있는가?

할 수 있다.

Q3. Q2처럼 소급해서 감정평가를 받으면 세법상 인정되는가?

그렇다. 평가기간 내라면 소급 감정평가도 유효하다.

Q4. 이 경우 감정평가는 몇 개를 받아야 유효한가?

1개만 받아도 유효하다. 하지만 입증력을 강화하려면 여러 개를 받을 수도 있다.

Q5. 2024년 10월에 은행에서 받은 감정가액이 있다. 이 금액을 시가로 할 수 있는가?

할 수 없다. 평가기간(2024년 11월 1일~2025년 8월 1일)에 해당하지 않기 때문이다. 다만, 대출 목적으로 받은 감정평가도 요건만 맞으면 이를 인정한다(조심 2023부7877, 2023. 9. 12).*

* 참고로 은행에서 받은 감정평가자료는 국세청에 자동으로 공유되는 것은 아니다.

Q6. 감정가액이 7억 원이 나왔다. 이 금액이 무조건 시가로 인정되는가?

세법에서는 평가기준일 전후의 감정가액을 시가로 우선 인정하며, 매매사례가액은 감정가액이 없는 경우에 보완적으로 적용한다. 이는 감정가액이 평가대상 재산에 대해 더 구체적이고 직접 산정되었기 때문이다.

다만, 감정가액이 부실하거나 신뢰성이 없는 경우라면 세무당국에서 이를 인정하지 않고 매매사례가액 등 다른 시가 산정 방법을 적용할 수 있다. 따라서 감정가액이 인정되려면 공정한 기준과 절차에 따라 산출된 객관적인 금액이어야 한다.

Tip 아파트 증여 시 감정평가 활용법

배우자나 자녀 등에게 아파트를 증여할 때 매매사례가액보다는 감정가액이 더 나은 경우가 많다. 그 이유를 정리하면 다음과 같다.

- 신고한 매매사례가액이 추후 바뀔 가능성이 있기 때문이다.

→ 감정가액은 해당 가액으로 고정되므로 이러한 현상이 발생하지 않는다.

- 매매사례가액으로는 신고가액을 조절할 수가 없기 때문이다.

→ 감정가액은 평가 시점을 달리해서 신고가액을 조절할 수 있다.

고액 부동산 상증세 신고 시 감정가액 활용법

세법상 감정평가가 가장 많이 사용될 때는 바로 상속세 또는 증여세를 신고할 때다. 상증법에서는 시가 과세를 천명하고 있고, 사후관리의 강도도 세기 때문이다. 그렇다면 상속세 또는 증여세 신고 시 감정평가가 어떤 영향을 미치는지 등을 알아보자.

1. 상증세 신고 시 감정평가 활용법

지금까지의 내용을 종합해보면 시가가 없으면 기준시가 신고도 가능하다. 그런데 기준시가로 신고하는 경우로서 고액의 부동산*에 해당하는 경우에는 과세관청의 감정평가사업 대상이 될 수 있다. 따라서 이 경우 납세자가 스스로 감정평가를 해서 신고할 것인지, 국세청 등이 제시한 감정가액으로 수정된 가액을 받아들일 것인지 미리 결정할 필요가 있다. 이러한 내용으로 보건대 감정평가에 앞서 실익분석을 정확히 하는 것이 중요함을 알 수 있다.

* 주로 고액의 사업용 건물과 나대지를 말하나, 2025년부터 주거용 건물(단독주택이나 겸용주택 등)을 포함한다.

2. 적용 사례

사례를 통해 앞의 내용을 확인해보자.

자료

- 상가빌딩 : 공시가격 50억 원(추정시가 120억 원)
- 단독주택 : 공시가격 20억 원(추정시가 50억 원)

Q1. 사례의 부동산은 국세청 평가사업의 대상이 되는가?

그렇다. 비주거용 부동산이든, 주거용 부동산이든 모두 평가사업의 대상이 된다.

→ 상증세 사무처리규정에서는 추정시가와 기준시가의 차이가 5억 원 이상이면 국세청이 감정평가를 할 수 있도록 하고 있다.

Q2. 만일 이 부동산을 기준시가로 신고한 경우 국세청은 어떤 식으로 감정평가를 하게 되는가?

먼저 세무조사 통보를 한 후에 상증세 사무처리규정에 따라 감정평가를 진행하게 된다.

Q3. 납세자로서는 자발적으로 감정평가를 받아 신고하는 것이 유리할까? 아니면 국세청이 감정평가를 하도록 두는 것이 좋을까?

이는 납세자의 상황에 따라 선택이 달라지며, 자산 가치가 크거나 평가에 논란이 있을 가능성이 큰 경우에는 자발적으로 감정평가를 받는 것이 더 전략적인 선택일 수 있다. 그러나 비용부담이나 국세청의 평가를 기다릴 여유가 있다면 사후적으로 국세청의 평가를 기다리는 것도한 가지 방법이다.

Tip 자발적 감정평가 대 국세청 감정평가의 장단점 비교

구분	장점	단점	고려해야 할 요소
1. 자발적 감정평가 (선제적 접근)	· 납세자 주도권 확보 : 신뢰할 수 있는 감정평가사를 선택해 평가를 주도 · 세금 분쟁 방지 : 신고 활용 시 국세청과의 분쟁 예방 · 유연한 절세전략 : 평가 결과 기반으로 절세 방안 설계 · 증빙 자료 확보 : 객관적 자료로 국세청 반박 어려움.	· 비용부담 : 감정평가 비용을 납세자가 부담 · 국세청 인정 여부 불확실 : 평가 결과가 국세청에서 인정되지 않을 가능성	· 자산 특성과 가치 : 평가금액 변동 가능성 및 시가 논란 여부 · 세무 위험 관리 : 분쟁 회피를 위한 선제적 평가 · 비용 대비 효과 : 비용 부담 여력 및 세금 절감 효과 · 시간과 노력 : 불확실성 감소를 위한 시간 투자
2. 국세청 감정평가 (사후적 접근)	· 비용부담 없음 : 국세청이 감정평가 비용 부담 · 과세 공정성 강화 : 국세청 평가의 객관성 인정 가능성 · 시간 절약 : 납세자가 별도로 평가받을 필요 없음.	· 결과 예측 어려움 : 국세청 평가 시가가 기대보다 높을 가능성 · 법적 분쟁 가능성 : 불복 시 행정소송 등으로 이어질 수 있음. · 선택적 적용 : 일부 대상만 평가, 불공평하다고 느낄 수 있음.	· 세무 위험 관리 : 국세청 결과에 대한 불복 가능성 · 시간과 비용부담 : 국세청 평가에 의존해 추가 비용 절약 가능성 · 결과의 신뢰성 : 국세청 평가의 객관성 인정 여부

저가 양도와 상증법상 시가평가

저가 양도 시 시가평가는 양도세와 증여세의 관계, 그리고 상증법상 등의 시가 개념을 함께 살펴보는 것이 필요하다. 다음에서 이에 대해 간략히 알아보자. 자세한 것은 저자의 다른 책을 참조하면 될 것이다.

1. 저가 양도와 세목별 과세방식 비교

저가 양도는 일반적으로 가족, 친족 등 특수관계인 간의 거래에서 자주 발생한다. 이 경우 시가보다 낮은 금액으로 양도하면 시가로 증여세나 양도세(취득세 포함)가 부과될 가능성이 있다. 이를 표로 요약하면 다음과 같다. 참고로 저가 양도와 관련되는 세목은 크게 양도세, 취득세, 증여세다. 따라서 이들 세목에 대해 제대로 과세하기 위해서는 먼저 시가를 제대로 밝혀내는 것이 중요하다. 그런데 문제는 이 3가지 세목에 대한 시가평가방법이 다르다는 것이다. 이에 실무에서는 이와 관련된 의사결정을 할 때 상증법상의 시가평가방법으로 먼저 시가로 책정한다. 이러한 점에 참고해서 다음의 내용을 살펴보자.

※ 저가 양도(또는 고가 양도) 시 세목별 과세방식 비교

구분		저가 양도		고가 양도	
		양도자	양수자	양도자	양수자
취득세		-	부당행위계산 : 시가 과세*	-	-
국세	소득세	부당행위계산 : 시가 과세*	-	(양도가액 수정 : 양도가액-증여재산 가액)	부당행위계산 (취득가액 수정 : 시가)*
	증여세	-	증여의제 : 증여세 과세**	증여의제 : 증여세 과세 : 과세**	-

* 부당행위계산 적용대상은 시가의 5% 차이 또는 차액 3억 원 기준을 사용한다.

** 증여규정의 적용대상은 시가의 30% 또는 차액 3억 원 기준을 사용한다(단, 비특수관계인은 30%의 기준을 사용).

➔ 소득세법상 부당행위계산 시의 시가는 양도일 또는 취득일 전후 3개월간의 매매사례가액, 감정가액 등을 말하며, 상증법의 증여세 과세를 위한 시가는 증여일 전 6개월부터 증여일 후 3개월까지의 매매사례가액, 감정가액 등을 말한다. 한편 양도세나 상증세의 경우 평가심의위원회의 심의요청한 가액도 시가로 인정될 수 있다. 참고로 양도세가 시가에 맞춰 거래된 경우에는 저가 양수 등에 따른 상증법상 증여규정을 적용하지 않는다(양도세 집행기준 35-26-4, 182페이지 참조). 즉, 다음과 같은 관계가 형성된다.

- 소득세법상 시가로 양도세가 과세된 경우→상증법상 저가 양수 등에 따른 증여규정은 적용되지 않음.
- 소득세법상 시가로 양도세가 과세되지 않은 경우→소득세법상 부당행위계산 및 상증법상 증여규정을 적용함.

2. 적용 사례

사례를 통해 앞의 내용을 확인해보자. 단, 매매계약일은 7월 10일이라고 하자.

자료

구분	시세	시가	공시가격	시가표준액	기준시가
아파트	5억 원	?	3억 원	3억 원	3억 원

Q1. 이 아파트를 제3자에게 3억 원에 양도하면 세무상 쟁점은?

제3자 간에는 해당 가격이 그대로 인정될 가능성이 크다. 거래당사자 간에 이해관계가 상반되므로 가격에 대한 담합이 있을 개연성이 없기 때문이다.

Q2. 이 아파트를 자녀에게 3억 원에 양도하면 세무상 쟁점은?

저가 양도로 인해 취득세, 양도세, 증여세 문제가 발생할 수 있다.

Q3. Q1과 Q2와 같은 현상이 발생하는가?

세법은 특수관계인 간의 거래에 대해서는 먼저 자체적으로 시가를 파악한 후 해당 시가와 거래가액을 비교해서 앞에서 본 부당행위계산 같은 제도를 적용하기 때문이다.

Q4. Q2에서 세목별로 시가는 어떤 기준으로 정하는가?

취득세와 증여세는 9개월, 양도세는 6개월 등의 평가기간 내에서 유사한 재산의 매매사례가액이 있거나 감정가액 등이 있다면 이를 시가로 본다.

Q5. 만일 7월 1일에 4억 5,000만 원, 7월 15일에 5억 5,000만 원의 매매사례가액이 있었다면, 이 경우 어떤 금액이 시가에 해당하는가?

평가기간에 여러 개의 매매사례가액이 존재하면 모두 시가의 역할을 할 수 있지만, 세법은 다음과 같은 원칙을 통해 시가를 정하고 있다.

- 원칙 : 평가기준일과 가장 가까운 가액을 시가로 한다.
- 예외 : 아파트 같은 공동주택의 경우 해당 주택이 둘 이상이면 평가대상 주택과 공동주택가격 차이가 가장 작은 주택의 시가로 한다.

따라서 사례의 경우에는 5억 5,000만 원이 시가에 해당할 가능성이 크다.

Q6. 만일 평가기간 내인 9월에 당해 재산에 대해 감정을 받은 결과 4억 5,000만 원이 나왔다면, 이 금액이 시가로 인정되는가?

그렇다. 정당하게 평가된 감정가액이 최우선으로 인정되기 때문이다.

Q7. 사례처럼 감정평가액에 맞춰 양도세를 신고한 경우 상증법상 저가 양수 등에 따른 증여세를 과세할 수 있는가?

아니다. 소득세법에서 정확하게 거래가 되었으므로 저가 양수 등에 대한 상증법상 증여규정을 적용하지 않는다.

Q8. 이 사례를 통해 얻을 수 있는 교훈은?

가족 간 거래 시에는 소득세법상 시가를 잘 파악해야 한다. 이에 맞춰 거래하면 증여세 과세문제를 비켜나갈 수 있기 때문이다. 이때 시가는 감정평가액을 중심으로 파악하는 것이 좋을 것으로 보인다.

절세탐구 1 상증법과 시가평가(기본)

상증법상 시가의 개념

다음에서는 세법상 시가평가의 기본 틀이 되는 상증법상의 재산평가법을 상속에 맞춰 알아보자. 참고로 다음의 내용들은 앞에서 본 내용들을 종합하는 관점에서도 의미가 있다.

1. 상속재산 평가원칙

상속재산의 평가는 상속개시일(사망일 또는 실종선고일) 현재의 시가로 평가한다. 다만, 시가를 산정하기 어려운 경우에는 당해 재산의 종류, 규모, 거래상황 등을 고려해서 규정된 방법(이하 '보충적 평가방법')에 따라 평가한 가액을 시가로 본다(상증법 제60조).

➔ 시가가 없는 경우에는 상증법 제61조~제66조까지의 보충적 평가방법으로 재산을 평가한다. 이를 다시 한번 정리하면 다음과 같다.

- 상증법 제61조 부동산 등의 평가(기준시가, 임대료 환산가액으로 평가)
- 상증법 제62조 선박 등 그 밖의 유형재산 평가
- 상증법 제63조 유가증권 등의 평가
- 상증법 제64조 무체재산권의 평가
- 상증법 제65조 그 밖의 조건부 권리 등의 평가
- 상증법 제66조 저당권 등이 설정된 재산의 평가 특례

→ 앞의 6개의 조항이 세법상 시가가 없는 상황에서 보충적으로 평가하는 방법에 해당한다. 부동산의 경우에는 상증법 제61조가 주로 이에 해당하는데, 이 규정에서는 다음의 평가방법을 포함하고 있다.

- 토지와 건물 등에 대한 기준시가
- 임대차계약이 되어 있는 경우 임대료 환산가액

2. 상속재산의 시가란?

그렇다면 상증법에서 말하고 있는 상속재산의 시가는 어떻게 평가할까? 상증법 제60조와 상증령 제49조를 중심으로 정리해보자. 구체적인 시가의 인정 범위는 순차적으로 살펴보자.

첫째, 상속재산의 시가는 불특정다수인 사이에 자유로이 거래가 이뤄질 때 통상 성립된다고 인정되는 가액을 말한다.

→ 시가는 시장에서 거래되는 공정한 가치를 의미한다. 다만, 이 가격은 불특정다수인 간에 통상적으로 성립된다고 인정되어야 한다. 따라서 이 개념에 맞는 시가는 시장에서 거래되는 가액이 될 것이다.

둘째, 이때 상속개시일 전후 6개월 이내의 기간(평가기간) 중 매매, 감정, 수용, 경매 또는 공매가 있는 경우, 그 확인되는 가액을 시가로 포함한다.

→ 상속재산은 상속개시일(평가기준일) 당시를 기준으로 하는 것이 원칙이지만, 상속재산은 시장에서 거래되지 않으므로 거래가액을 대신할 시가가 필요하다. 그래서 일정한 평가기간을 두고 그 내에서 시가 역할을 하는 감정가액 등을 시가로 한다.

셋째, 평가기간에 해당하지 않는 기간인 상속개시일 전 2년 이내와 평가기간이 경과한 후부터 상속세 법정신고기한 후 9개월(증여는 6개월)까지의 기간에, 상속재산과 면적, 위치, 용도, 종목 및 기준시가가 동일하거나 유사한 다른 재산의 매매 등 가액이 있는 경우, 납세자나 세무서장 등이 평가심의위원회에 해당 매매 등의 가액에 대한 시가 심의를 신청하면 위원회의 심의를 거쳐 인정된 해당 가액을 시가로 포함할 수 있다.

➔ 평가기간 내에 시가가 없는 경우에는 평가기간을 확장해서 이를 통해서도 시가를 평가할 수 있다.

3. 시가의 인정 범위

상증법상 상속재산의 시가 인정 범위는 다음과 같다.

1) 당해 재산평가

당해 재산은 상속세 신고대상이 되는 재산을 말한다. 예를 들어 상속재산 중 A 아파트가 있다면 A 아파트가 당해 재산이 된다.

첫째, 당해 재산에 대해 매매 사실이 있는 경우에는 그 거래가액이 시가가 된다. 다만, 특수관계인과의 거래 등에서의 거래가액이 객관적으로 부당하다고 인정되는 경우는 제외된다.

➔ 만일 평가기간 내에 당해 재산을 시장에서 거래하면 해당 가액이 상속재산의 시가가 된다. 따라서 이 경우 다음과 등식이 성립한다.

- 상속재산가액=양도가액=취득가액

둘째, 당해 재산(주식은 제외함)에 대해 2개 이상의 공신력 있는 감정기관이 평가한 감정가액이 있는 경우, 그 감정가액의 평균액을 말한다. 단, 해당 재산이 기준시가 10억 원 이하면 1개 이상의 감정기관의 감정가액도 가능하다.

➔ 주식은 감정가액을 인정하지 않는다.

셋째, 당해 재산에 대해 수용, 경매 또는 공매가 있는 경우에는 그 보상가액, 경매가액 또는 공매가액을 말한다. 다만, 물납한 재산을 증여자나 수증자 또는 그와 특수관계 있는 자가 경매 또는 공매받은 경우는 시가로 보지 않는다.

➔ 경매가액 등이 있는 경우에도 시가로 인정받을 수 있다.

2) 유사 재산평가

유사재산은 당해 재산과 위치나 용도 등이 유사한 재산으로 이의 재산을 통해 상속재산의 시가를 평가하게 된다. 즉, 상속개시일 전 6개월부터 평가기간 내 상속세 신고일까지의 기간 중 상속재산과 면적, 위치, 용도, 종목 및 기준시가가 동일하거나 유사한 다른 재산에 대한 매매사례가액이나 감정가액의 평균액 등이 있는 경우 그 가액을 시가로 본다.

※ 당해 재산과 유사재산의 시가평가 비교

구분	당해 재산	유사재산
개념	평가대상이 되는 상속재산	평가대상과 유사한 재산
평가기간	상속 전후 6개월	상속 전 6개월~상속세 신고일

→ 실무에서 보면 시가와 기준시가(시가표준액)의 차액이 5억 원 이상인 부동산 등*(부동산 과다보유법인의 부동산 포함)에 대해 이 제도가 적용되고 있다.

* 2025년부터 모든 부동산으로 그 범위가 바뀌었다. 이에 따라 주택, 비주거용 부동산, 토지(단, 일정한 농지, 초지, 목장용지. 염전 등은 제외)가 포함된다(법인은 부동산 과다보유법인의 부동산 포함). 단, 입주권과 분양권은 제외된다. 부동산에 대해서만 이 사업의 대상으로 하고 있기 때문이다.

2) 적용 사례

다음 자료를 보고 물음에 답해보자.

자료

- 상속개시일 : 2025년 6월 1일
- 상속개시일 현재의 상속재산 : 단독주택(기준시가 10억 원, 시가는 불분명). 단독주택은 2024년 1월 1일에 20억 원을 주고 취득했음.
- 기타 사항은 무시하기로 함.

Q1. 상속개시일 현재 단독주택의 평가액은 얼마인가?

시가가 불분명하므로 감정평가를 받지 않는 이상 10억 원으로 평가될 수 있다.

Q2. 만일 10억 원으로 상속세를 신고하면 과세관청은 이를 인정할까?

아니다. 상속세 결정기한(신고기한 후 9개월) 내에 감정평가를 받아 이의 금액으로 해당 금액을 경정할 수 있다.

Q3. 만일 과세관청이 감정평가를 받은 금액이 30억 원이라면 어떨 절차를 거쳐 시가로 인정되는가?

평가심의위원회의 심의를 받으면 감정가액이 시가로 인정된다.

Q4. 2024년 1월 1일에 취득한 20억 원을 시가로 보아 납세자가 스스로 신고할 수 있을까?

아니다. 평가기간을 벗어나면 납세자의 신청에 따라 평가심의위원회에 신청해서 심의를 받아야 한다.

→ 심의요청을 받은 평가심의위원회는 시간의 경과 및 주위환경의 변화 등을 고려해서 가격변동의 특별한 사정이 있는지 없는지* 등을 고려해 최종 결정을 하게 된다.

* 이 부분이 중요하다.

Q5. 납세자로서는 어떤 식으로 신고하는 것이 좋을까?

스스로 감정평가를 받는 것이 좋을지, 아니면 기준시가로 신고한 후 과세관청이 감정평가를 받은 금액에 맞춰 세금을 낼 것인지를 결정해야 한다. 만일 후자로 의사결정을 하면 다음과 같은 점을 참작하도록 한다.

- 감정가액은 과세관청이 의뢰한 평가법인을 통해 결정된다.
- 신고불성실가산세와 납부지연가산세는 부과되지 않는다(납세자 또는 세무대리인이 잘못 신고한 것이 아니기 때문이다).

2. 납세자의 국세청 감정평가사업에 대한 대응방법

과세관청이 신고된 상속세나 증여세, 양도세에서 시가를 찾기 위해 감정평가를 하거나 유사한 재산에 관한 매매사례가액을 평가심의위원회에 심의를 요청할 수 있다. 이렇게 되면 납세자로서는 상당히 곤혹스러운 상황에 부닥칠 수 있다. 따라서 납세자는 이에 대한 대비를 사전에 해두는 것이 좋다.

첫째, 감정평가사업 대상이 되는 부동산은 그에 대한 대응책을 갖춰 둬야 한다.

추정시가와 기준시가 차이가 5억 원이 넘는 부동산(상가, 나대지, 단독주택 등)은 탁상감정을 받은 후 감정가액으로 신고할 것인지 보충적 평가방법으로 신고할 것인지를 결정해야 한다. 이때 신고 후에 감정평가를 해서 신고가액이 경정되는 경우 본세는 내야 하며, 가산세는 부과되지 않는다는 점을 고려한다.

둘째, 감정평가사업의 대상이 되지 않은 부동산은 매매사례가액에 유의해야 한다.

매매사례가액이 있는 부동산은 아파트, 연립주택, 토지 등이 이에 해당할 수 있다(이 외에도 입주권, 분양권도 매매사례가액이 있을 가능성이 크다). 따라서 이들은 평가기준일로부터 소급한 2년 전부터 신고 후 결정기한까지 이에 대한 가격이 언제든지 발생할 수 있으므로 시가의 변동에 유의해야 한다. 특히 아파트의 경우에는 매매사례가액이 있을 가능성이 크기 때문에 시가가 널뛰기하는 경우에는 감정평가(1~2개)를 받아 이를 기준으로 신고하든지, 아니면 이를 기준으로 신고하지 않더라도 미리 감정평가를 받아 앞으로 벌어질 일들에 대비하는 것이 좋다.

셋째, 심판청구 등을 통해 적극적으로 불복한다.

본인의 노력에도 불구하고 세무조사 등을 통해 감정가액으로 신고가액이 경정되어 추가 납부를 하면 이에 적극적으로 불복을 제기하는 것도 하나의 방법이 된다.*

* 최근 이에 대한 행정소송이 진행되고 있는바 그 결과도 주목해보기 바란다(저자의 카페로 문의 가능).

Tip 납세자가 평가심의위원회에 심의요청하는 방법

원래 이 제도는 과세관청이 수시로 활용할 수 있는 제도에 해당한다. 그렇다면 납세자도 이 제도를 이용할 수 있을까?

그렇다. 이들도 심의가 필요한 경우에는 자료(매매사례가액 등 입증자료)를 첨부해서 평가심의위원회에 심의를 신청할 수 있다.

- 신청은 상속세 과세표준 신고기한 만료 4개월 전(증여의 경우 증여세 과세표준 신고기한 만료 70일 전)까지 해야 한다.

신청을 받은 평가심의위원회는 해당 상속세 과세표준 신고기한 만료 1개월 전(증여의 경우에는 증여세 과세표준 신고기한 만료 20일 전)까지 그 결과를 납세자에게 서면으로 통지해야 한다.

제8장

감정평가로 법인세를 줄이는 방법

법인의 부동산과 과세기준

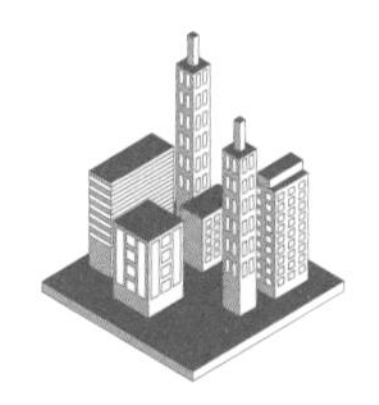

법인도 개인처럼 부동산을 취득하거나 양도할 수 있고, 상속이나 증여를 받을 수도 있다. 그렇다면 법인이 부담하는 세금은 앞에서 본 개인과 어떤 차이가 있을까? 다음에서 법인의 부동산에 대한 다양한 과세기준을 살펴보자.

1. 개인과 법인의 부동산 세금 및 과세기준 비교

1) 개인과 법인의 부동산 관련 세목 비교

구분	개인	법인
취득 시	취득세	좌동
보유 시	보유세	좌동
양도 시	양도세	법인세*
상속·증여 시	상증세	법인세*
비고	부가세	좌동

* 법인은 양도세나 상속세 또는 증여세 대신 법인세로 과세된다. 참고로 법인도 개인처럼 부동산의 취득 및 양도 시 부가세 징수 및 환급업무가 뒤따른다.

2) 개인과 법인의 부동산 과세기준 비교

앞의 세금 중 취득과 양도, 상속·증여 시 개인과 법인의 과세기준을 비교하면 다음과 같다.

첫째, 부동산 취득 시에는 개인과 법인의 과세기준이 같다.

즉, 일반 거래 시에는 실제 거래된 가격을 과세기준으로 하나, 특수관계인 간의 거래나 무상취득의 경우에는 시가인정액을 과세기준으로 한다. 이에 대한 자세한 내용은 4장에서 살펴봤다.

둘째, 부동산 양도 시에는 개인과 법인의 과세기준이 일부에서 차이가 있다.

즉, 일반 거래는 실제거래가액을 기준으로 과세되므로 문제가 없으나, 특수관계인 간에는 시가를 기준으로 부당행위를 판정해야 하는데, 이때 이의 평가방법에서 차이가 있다.

구분	개인	법인
세목	양도세	법인세
일반 거래	실제거래가액	좌동
특수관계인 간 부당행위계산 적용	시가(양도일·취득일 전후 3개월 매매사례가액 등)	매매사례가액*→감정가액→기준시가 등

* 법인세법에서는 매매사례가액에 대한 평가기간이 별도로 규정되어 있지 않은 점에 유의해야 한다. 이에 대한 자세한 내용은 이 장의 절세탐구를 참조하기 바란다.

셋째, 부동산의 상속·증여 시에 개인과 법인의 과세기준 역시 차이가 있다.

개인의 상속 또는 증여는 다양한 방법으로 시가평가를 하지만, 법인은 앞의 양도에서 본 평가방법으로 시가평가를 한다.

→ 결국, 이렇게 보면 과세기준은 법인보다 개인이 더 정교하게 적용되고 있다는 것을 알 수 있다.

2. 적용 사례

사례를 통해 앞의 내용을 확인해보자.

K 법인은 대표이사로부터 토지를 매입하고자 한다.

자료
- 토지 공시지가 1억 원(시세 10억 원)

Q1. 이 토지의 세법상 시가는 얼마인가?
이 경우 3가지 세목의 관점에서 시가를 파악해야 한다.

첫째, 매도자인 개인에 대해 소득세법상 양도세 정상과세를 위해 시가를 파악해야 한다.
소득세법에서는 양도일 전후 3개월 내의 매매사례가액, 감정가액 등을 시가로 본다.

둘째, 매수자인 법인에 대해 지방세법상 취득세 정상과세를 위해서 시가를 파악해야 한다.
지방세법에서는 취득일 전 6개월부터 취득일 후 3개월 내의 매매사례가액, 감정가액을 시가로 본다.

셋째, 매수자인 법인에 대해 법인세법상 자산 가액을 시가로 장부에

계상하기 위해 시가를 파악해야 한다. 단, 법인의 경우 고가매수 시에만 시가평가를 하고 저가매수 시에는 시가평가를 하지 않는다.*

* 그 이유에 대해서는 234페이지를 참조하기 바란다.

Q2. Q1의 과정을 통해 시가가 확인되지 않았다고 하자. 이 경우 과세관청이 나서서 감정평가를 해서 이의 금액으로 신고가액을 수정할 수 있을까?

- 양도세→수정할 수 있다(양도세 시가평가는 상증법을 준용하기 때문이다).
- 취득세→수정할 수 있다.
- 법인세→고가취득의 경우에만 수정이 가능할 것으로 보인다.*

  * 저가취득의 주주에 대한 증여세가 과세될 수 있는데, 이 경우에는 신고가액이 수정될 가능성이 있어 보인다(저자 의견).

Q3. Q2와 같은 문제점을 예방하기 위해서는 어떻게 하는 것이 좋을까?

스스로 감정평가를 받은 금액에 맞춰 거래하는 것이 안전할 것으로 보인다.

Tip　법인의 부동산에 대해 감정평가가 사용되는 경우

1. 특수관계인(개인과 법인) 간 각종 거래(임대차 포함)를 하는 경우
2. 법인에 상속이나 증여를 하는 경우
3. 자산재평가액을 재무제표에 반영하거나 주식을 평가하는 경우
4. 법인에 현물출자를 하는 경우
5. 법인에 자산양수도를 하는 경우
6. 법인에 특허권이나 영업권을 양도하는 경우

→ 이 중 1과 2 그리고 3을 위주로 다음에서 분석해보자. 나머지 주제들은 저자의 다른 책들을 참조하기 바란다.

개인과 법인의 거래 시 감정평가

대표이사 등 개인이 특수관계에 있는 법인에 부동산을 저가로 양도하는 때도 있다. 이렇게 하는 것이 본인에게 득이 되는 경우가 많기 때문이다. 하지만 저가 거래를 할 때 개인과 법인 그리고 주주 등에게 다양한 세무 위험이 발생할 수 있다. 다음에서 이에 대해 알아보자.

1. 법인에 저가 양도 시의 세무상 쟁점

법인과 특수관계에 있는 개인이 법인에 부동산을 저가로 양도할 때 발생할 수 있는 세무상 쟁점을 세목별로 알아보자.

1) 양도자(개인)

개인이 특수관계에 있는 법인에 저가 양도 시 소득세법상 부당행위계산을 적용한다. 다만, 시가와 거래금액의 차액이 3억 원 이상이거나 거래금액이 시가의 5%를 벗어나야 이 규정이 적용된다. 참고로 여기서 시가는 양도일 전후 3개월간의 매매사례가액 등을 말한다.

2) 양수자(법인)

양수자인 법인의 경우 법인과 법인 주주의 관점에서 세무상 쟁점을 살펴봐야 한다.

① 취득세

특수관계에 있는 법인이 저가로 부동산을 취득하면 지방세법 제10조의 3에서는 이를 부당행위로 보아 시가로 과세한다. 이때 저가 해당 여부는 '5%, 3억 원' 기준을 사용한다. 앞의 소득세와 같다.

② 법인세

법인이 저가로 부동산을 취득한 경우 법인세는 규제하지 않는다. 어차피 향후 법인세가 더 늘어나므로 부당행위에 해당하지 않기 때문이다.

③ 증여세

개인이 특수관계법인에 부동산을 저가로 양도하는 상황에서 그 법인의 주주가 개인당 1억 원 이상의 이익을 얻으면 주주에게 증여세가 과세될 수 있다(상증법 제45조의 5).

2. 적용 사례

K 씨는 ㈜부동산의 대표이사에 해당한다. 이번에 그는 자신이 보유한 토지를 법인에 양도하고자 한다. 이때 세 부담을 최소화하는 방안을 추진하고 있다. 물음에 답해보자.

자료

- 시가 5억 원(취득가액 3억 원)
- 기준시가 3억 원
- 위 물건 양도 시 양도차익의 30% 정도 세 부담이 예상됨.
- 이 외 상황은 무시하기로 함.

Q1. 현 상태에서 이를 양도하면 세금은 얼마나 예상되는가?

양도가액에서 취득가액을 차감한 양도차익(5억 원-3억 원=2억 원)에 30%를 적용하면 대략 6,000만 원의 양도세가 예상된다.

Q2. 양도세를 최소화하기 위해 이 부동산을 법인에 3억 원에 양도하고 이후 법인이 5억 원에 양도하는 경우의 세 부담 관계는?

이 경우 양도세는 0원이 되고, 법인은 취득가액의 4% 정도의 취득세를 낸다. 따라서 법인의 취득단계에서는 1,200만 원 정도의 취득세가 발생한다.

한편 향후 법인이 이를 5억 원에 양도하면 법인세가 발생하게 된다. 이때 법인세는 일반법인세 외에 토지양도차익에 대해 10% 상당액인 법인세가 추가로 발생한다. 따라서 다음과 같은 총 법인세를 예상해볼 수 있다. 단, 법인에서 일반비용 1억 원이 추가로 발생했다고 하자.

구분	일반법인세	추가 법인세	계
이익	2억 원	2억 원	
일반관리비	1억 원	0원	
과세표준	1억 원	2억 원	
세율	9~24%* 중 9%	10%	
산출세액	900만 원	2,000만 원	2,900만 원

* 성실신고확인대상 소규모 법인에 대해서는 19~24%의 세율이 적용된다.

따라서 이러한 거래를 하면 다음과 같은 결과를 얻을 수 있다.

- 양도세 : 0원
- 취득세 : 1,200만 원
- 법인세 : 2,900만 원
- 계 : 4,100만 원

Q3. 사례의 경우 법인을 통해 양도하는 것이 실익이 있는가?

개인이 직접 양도하면 6,000만 원, 법인을 통해 양도하면 4,100만 원이 나오므로 이 경우에는 실익이 있어 보인다.

Q4. 사례에서 기준시가로 거래가액을 책정하면 세법상 문제는 없는가?

아니다. 앞에서 봤지만, 소득세법, 지방세법, 상증법 등에서 시가를 밝혀내기 위한 규정이 있기 때문이다. 다만, 시가가 없는 경우에는 기준시가로 거래해도 이론상 문제는 없다. 사례의 경우가 이에 해당할 수 있다.

Tip 개인과 법인의 매매사례가액 차이에 따른 세법의 규정

구분	양도자(개인)	양수자(법인)
시가로 양도 시	세무상 쟁점 없음.	좌동
저가로 양도 시	시가로 양도한 것으로 봄*.	· 법인 : 규제 없음. · 주주 : 증여의제**
고가로 양도 시	-	법인 : 부당행위계산부인(초과분은 자산 감액 및 상여 등 소득세 과세)*

* 부당행위계산부인 : 시가와 거래가액의 차액이 3억 원 이상이거나 거래가액이 시가의 5% 이상인 경우에 한함(소득세법 제101조, 법인세법 제52조).

** 상증법상 증여의제(상증법 제45조의 5) : 시가와 거래가액의 차액이 3억 원 이상이거나 시가의 5% 이상인 경우로서 주주별로 1억 원 이상인 경우에 한함.

법인에 대한 상속·증여와 감정평가

영리법인의 주주와 특수관계인에 있는 자로부터 부동산이나 금전 등을 증여받은 경우가 있다. 주로 이해관계가 있는 법인을 통해 주주들에게 부를 이전하기 위해서다. 그렇다면 이러한 행위들에 대해 상증법 등은 어떤 식으로 대응할까? 다음에서 이에 대해 알아보자.

1. 영리법인에 대한 세제(법인세, 취득세)

영리법인이 부동산 등을 증여받으면 법인세가 과세되는 것이 원칙이다. 이 외에 취득세도 검토해야 한다.

1) 법인세

법인이 부동산을 증여받으면 자산이 늘어나고 이익이 늘어난다. 따라서 이러한 자산수증익은 법인의 순자산을 증가시키므로 이에 대해서는 법인세가 부과되는 것이 원칙이다.

→ 법인이 증여를 받을 때는 유사한 거래에 적용되는 시가를 기준으로 하되, 시가가 불분명하면 감정가액, 기준시가 등을 순차적으로 적용한다. 이 장의 절세 탐구를 참조하기 바란다.

2) 취득세

법인이 부동산을 증여받으면 다음과 같이 취득세를 부담해야 한다.

구분	과세표준	취득세율
주택	시가인정액 원칙	3.5~12%*
주택 외	시가인정액 원칙	3.5~7.5%**

* 조정대상지역 내 주택의 시가표준액이 3억 원 이상일 시에는 12%가 적용된다.

** 과밀억제권역 내에서 설립된 지 5년이 안 된 법인이 상가 등을 증여받으면 7.5%(구 취득세 2%×3배+구 등록세 1.5%)인 취득세 중과세가 적용될 수 있다.

2. 영리법인의 주주에 대한 증여세

상증법 제45조의 5(특정 법인과의 거래를 통한 이익의 증여 의제)에서는 특정 법인의 주주가 이익을 보면 그들에게 증여세를 부과한다. 이때 주주별로 증여받은 이익이 1억 원 이상이 되어야 한다. 구체적인 것은 해당 규정을 참조하기 바란다.

3. 적용 사례

사례를 통해 앞의 내용을 확인해보자.

평가 방법	매매사례가액	시장에서 거래된 금액	좌동
	감정가액	감정평가사가 평가한 가액	좌동
	수용·경매·공매가격	수용이나 경매 등에 따른 가액	좌동

3) 평가기간 밖의 재산평가

상속재산은 앞의 평가기간(1년) 내에서 평가하는 것이 원칙이다. 다만, 지금은 평가기간 밖에서도 시가평가를 할 수 있다.

※ 평가기간 내와 밖의 상속재산 시가평가 비교

구분		평가기간 내	평가기간 밖
개념		평가기간 내 시가평가	평가기간 밖 시가평가
평가기간		상속개시일 전후 6개월	상속개시일 전 2년 이내~ 상속세 결정기한 (좌의 기간 제외)
평가 방법	매매사례가액	시장에서 거래된 금액	좌동
	감정가액	감정평가사가 평가한 가액	좌동
	수용·경매·공매가격	수용이나 경매 등에 따른 가액	좌동
평가절차		시가확인 시 바로 상속재산 가액으로 확정	납세자 또는 과세관청의 신청→ 평가심의위원회의 심의승인 후 상속재산가액으로 확정

4. 시가 적용 시 판단기준일

상증법상의 시가평가는 앞과 같이 크게 2가지의 유형으로 진행된다. 하나는 평가기간 내의 당해 재산과 유사재산에 대한 매매사례가액 등이고, 다른 하나는 평가기간 밖의 당해 및 유사재산에 대한 매매사례가액 등이다. 이때 시가 적용 시 판단기준일은 다음과 같다.

- 거래가액은 매매계약일을 기준으로 한다.
- 감정가액은 감정가액평가서의 작성일을 기준으로 한다. 이때 가격 산정 기준일과 감정가액평가서 작성일이 모두 평가기간 이내여야 한다.
- 수용, 보상, 경매가액은 가액 결정일을 기준으로 한다.

→ 이러한 판단기준일이 평가기간 내에 있는지, 밖에 있는지에 따라 다양한 쟁점이 발생한다. 이에 대해서는 뒤에서 살펴본다.

5. 시가의 최종 확정

이상과 같은 절차를 통해 최종 확인된 가액을 상속재산의 시가로 보게 된다.

1) 평가기간 내 시가 확정

- 평가기간 내 시가가 1개 있다면 이 금액을 시가로 확정한다.
- 시가로 보는 가액이 2개 이상이면 평가기준일로부터 가장 가까운 날에 해당하는 가액을 시가로 본다.
- 같은 날에 시가가 2개 이상이면 이를 평균한 가액으로 한다.

2) 평가기간 밖 시가 확정

평가기간 밖의 경우에는 납세자 또는 과세관청의 신청에 따라 평가심의위원회가 심의한 가액을 시가로 한다.

절세탐구 2 상증법상 시가평가에 대한 세무상 쟁점 분석

상증법상 시가평가와 세무상 쟁점

앞에서 보면 상속재산의 시가평가과정이 절대 만만치 않음을 느끼게 된다. 다양한 변수들이 개입되기 때문이다. 그런데 문제는 이러한 변수들을 제대로 다루지 못하면 세무상 위험이 많이 증가한다는 사실이다. 따라서 상속재산의 평가에 앞서 기본적인 내용들을 알아둬야 한다. 다음에서 이에 대해 알아보자.

1. 시가평가와 세무상 쟁점 요약

상증법상의 시가평가와 관련된 세무상 쟁점은 크게 다음과 같이 요약된다.

첫째, 시가가 없다면 보충적 평가방법으로 재산을 평가한다.
둘째, 시가는 평가기간 내에서 평가하는 것이 원칙이다.
셋째, 평가기간 밖의 시가평가도 인정한다.
넷째, 시가평가는 해당 재산과 유사재산을 순차적으로 적용한다.
다섯째, 매매사례가액, 감정가액, 수용가액, 경매가액은 시가의 한 종류에 해당한다.
여섯째, 시가인 매매사례가액 등은 계약일 등을 판단기준일로 확정한다.

➔ 세법상 시가평가를 실무에 적용하기 위해서는 앞의 내용들을 완벽하게 이해해야 한다. 순차적으로 알아보자.

2. 보충적 평가방법

앞에서 제기된 시가평가에 대한 세무상 쟁점 중 보충적 평가방법에 대한 세무상 쟁점을 알아보자.

첫째, 보충적 평가방법이란 무엇일까?

상증법상 재산평가는 시가로 평가하는 것이 원칙이다. 그런데 시가가 없다면 부득이 보충적 평가방법에 따라 시가를 평가할 수밖에 없다. 따라서 보충적 평가방법이란 시가가 없는 때만 적용할 수 있는 방법에 해당하는 것으로 볼 수 있다.

※ 상증법 제60조

③ 제1항을 적용할 때 시가를 산정하기 어려운 경우에는 당해 재산의 종류, 규모, 거래상황 등을 고려하여 제61조부터 제66조까지에 규정된 방법으로 평가한 가액을 시가로 본다(2010. 01. 01 개정).

둘째, 보충적 평가방법의 적용 범위는 어떻게 될까?

보충적 평가방법은 상증법 제61조부터 제66조까지에 해당하는 것을 의미한다. 부동산을 예로 들어 열거하면 다음과 같다.

- 기준시가, 임대료 환산가액 등

여기서 임대료 환산가액은 다음과 같이 상속재산 등을 평가하는 방법을 말한다.

- 임대료 환산가액(보충적 평가방법) : 임대보증금+연간 임대료 합계액/12%

셋째, 보충적 평가방법으로 상속세 등을 신고하면 어떤 문제점이 있을까?

앞에서 보면 보충적 평가방법도 세법에서 인정되는 재산평가방법임을 알 수 있다. 그런데 여기서 복병이 하나 있다. 그것은 다름이 아닌, 납세자가 보충적 평가방법에 따라 신고하면 국세청 등의 감정평가사업 대상이 될 수 있다는 것이다. 이는 시가와 기준시가의 차이가 5억 원 이상인 부동산에 대해 국세청 등이 감정받은 가액으로 신고가액을 경정할 수 있는 제도에 해당한다.

3. 적용 사례

K 씨는 다음의 재산에 대해 상증법상 평가를 하려고 한다.

자료

- 아파트 : 기준시가 5억 원, 매매사례가액 7~12억 원
- 상가 : 기준시가 5억 원, 임대보증금 1억 원, 연간 임대료 3,000만 원

Q1. 아파트의 경우 보충적 평가방법으로 평가할 수 없을까?

그렇다. 자료상의 내용을 보면 매매사례가액이 7~12억 원까지 걸쳐 있다. 따라서 이 중 어느 하나의 가액으로 평가될 가능성이 크다.

Q2. 상가의 경우 보충적 평가방법으로 평가할 수 없을까?

보충적 평가방법은 기준시가, 임대료 환산가액 등으로 평가하는 방법을 말한다. 물론 이렇게 2개 이상의 평가방법으로 평가되면 그중 가장 높은 가액으로 평가하는 것이 원칙이다. 따라서 물음의 경우 다음과 같은 금액 중 하나로 평가할 수 있다.

- Max[기준시가, 임대료 환산가액]=Max[5억 원, 3억 5,000만 원*]
  =5억 원

* 1억 원+3,000만 원/12%=3억 5,000만 원

Q3. 상가의 경우 보충적 평가방법에 따른 평가액은 5억 원이다. 이 경우 국세청의 감정평가사업의 대상이 될 수 있을까?

이에 대해서는 상증세 사무처리규정 제72조 제2항에서 다음과 같이 규정하고 있다.

> ② 지방국세청장 또는 세무서장은 다음 각 호의 사항을 고려하여 부동산 감정평가 대상을 선정할 수 있으며, 이 경우 대상 선정을 위해 5개 이상의 감정평가법인에 의뢰하여 추정시가(최고값과 최소값을 제외한 가액의 평균값)를 산정할 수 있다.
>
> 1. 추정시가와 법 제61조부터 제66조까지 방법에 따라 평가한 가액(이하 "보충적 평가액"이라 한다)의 차이가 5억 원 이상인 경우
> 2. 추정시가와 보충적 평가액 차이의 비율이 10% 이상[(추정시가-보충적 평가액)/추정시가]인 경우

이 규정을 보면 추정시가와 보충적 평가액의 차이가 5억 원 이상이거나 비율이 10% 이상 차이 나면 감정평가사업의 대상이 되도록 하고 있다. 따라서 물음의 경우 그 대상이 될 가능성이 있을 것으로 보인다.

평가기간과 세무상 쟁점

다음으로 시가평가와 관련해서 정리해야 할 주제가 바로 평가기간과 관련된 것이다. 시가평가는 인위적으로 가격을 평가하는 것이므로, 일정한 기간을 지정해줘야 하기 때문이다. 다음에서 이에 대해 알아보자.

1. 평가기간

상증법은 당해 재산과 유사재산으로 구분해 다음과 같이 평가기간을 정하고 있다.

1) 당해 재산

- 상속 : 상속개시일(평가기준일) 전후 6개월(총 1년)
- 증여 : 증여일(평가기준일) 전 6개월~증여일 후 3개월(총 9개월)

2) 유사재산

- 상속 : 상속개시일(평가기준일) 전 6개월~상속세 신고일
- 증여 : 증여일(평가기준일) 전 6개월~증여세 신고일

이처럼 당해 재산과 유사재산의 평가기간이 차이가 나는 이유는 신고자의 예측 가능성을 위해서다. 즉, 당해 재산에 대한 매매사례가액 등은 명확히 알 수 있으므로 평가기간이 1년(증여는 9개월)으로 고정되어 있으나, 유사재산은 가액 파악이 쉽지 않다. 그래서 상속세 등을 신고한 날까지 발생한 유사재산의 매매사례가액 등을 시가로 보게 된다.

→ 유사재산에 대한 매매사례가액으로 상속세 등을 신고할 때는 가급적 신고기간을 최대한 앞당기는 것도 하나의 대안이 된다. 물론 신고 후에 새로운 매매사례가액이 나오면 해당 신고가액이 수정될 수도 있다.

2. 평가기간과 세무상 쟁점

재산의 평가대상이 되는 평가기간과 관련된 세무상 쟁점을 요약하면 다음과 같다.

첫째, 당해 재산과 유사재산의 평가기간이 다르다.

상속의 경우 당해 재산은 1년, 유사재산은 이보다 짧은 기간(6개월+평가기준일~신고일)이 된다.

둘째, 평가기간 내의 가액 여부는 계약일 등으로 판정하는지다.

평가기간 내의 매매사례가액 등이 시가로 인정되기 위해서는 원칙적으로 다음의 가액이 해당 기간에 걸쳐 있어야 한다.

- 거래가액→계약일
- 감정가액→가격산정 기준일과 감정가액평가서 작성일 등

→ 하지만 이러한 요건은 절대적이 아닐 수 있다. 이에 대한 자세한 내용은 다음 사례에서 살펴본다.

3. 적용 사례

사례를 통해 앞의 내용을 확인해보자.

자료

- 평가기준일 : 20×5년 6월 1일
- 평가대상 부동산 : 상가, 아파트 등

Q1. 평가기준일은 무엇을 의미하는가?

평가기준일은 재산의 가치를 평가할 때 기준이 되는 날짜를 의미한다. 상증세에서 평가기준일은 상속개시일(피상속인의 사망일) 또는 증여일이 된다.

Q2. 위 평가대상 부동산이 상속재산에 해당하면 평가기간은 언제부터 언제까지인가?

사례의 평가기준일이 20×5년 6월 1일이라면, 상속개시일은 20×5년 6월 1일이다. 따라서 평가기간은 20×4년 12월 1일부터 20×5년 11월 30일이다.

Q3. 상속세 신고기한은 언제인가?

평가기준일이 20×5년 6월 1일이라면, 신고기한은 20×5년 12월 31일이다. 다만, 피상속인이 외국 거주자면 9개월 이내로 연장된다.

Q4. Q2와 Q3의 기간이 왜 일치하지 않는가?

Q2의 평가기간과 Q3의 신고기한은 각각 다른 목적에 의해 설정되었기 때문에 일치하지 않는다.

평가기간은 상속재산의 객관적 가치를 산정하기 위해 상속 전후 시장 상황을 반영할 수 있도록 1년(전 6개월+후 6개월)으로 설정된다. 반면, 신고기한은 납세자가 법적으로 상속세를 신고 및 납부해야 하는 기간을 정한 것으로, 상속개시일이 속하는 달의 말일로부터 6개월 이내에 신고가 완료되어야 한다.

Q5. 만일 평가기간 밖인 20×5년 12월 5일에 매매사례가액을 체결한 경우, 이를 상속재산가액으로 볼 수 있을까?

평가기간(20×4년 12월 1일부터 20×5년 11월 30일) 외에 발생한 매매사례가액은 일반적으로 상속재산가액으로 인정되지 않는다. 상속재산의 평가는 평가기간 내의 시가(매매사례가액, 감정가액 등)를 기준으로 해야 하며, 평가기간 이후의 매매사례가액은 이를 직접 반영할 수 없기 때문이다. 다만, 특별한 사유가 있어 해당 매매사례가액이 상속재산의 적정한 시가임을 증명할 수 있는 경우, 과세관청의 판단에 따라 인정될 가능성이 있다(수원지방법원 2017. 1. 27 선고 2017구단8358, 조심 2024서2318, 2024. 08. 02 등).

Tip 세목별 평가기간

구분	당해 재산	유사재산
상속세	상속개시일 전후 6개월(1년)	상속개시일 전 6개월~신고일
증여세	증여일 전 6개월~증여일 후 3개월(9개월)	증여일 전 6개월~신고일
취득세	취득일 전 6개월~취득일 후 3개월(9개월)	취득일 전 1년~신고·납부 만료일
양도세	양도일 또는 취득일 전후 3개월	좌동

평가기간 밖의 시가평가제도

상증법상 시가는 평가기간 내의 매매사례가액이나 감정가액 등을 말한다. 그런데 최근에는 평가기간 밖의 매매사례가액이나 감정가액 등도 시가로 보는 경우가 늘어나고 있다. 그런데 평가기간 밖의 시가를 무한정 허용하면 납세자의 예측 가능성을 현저히 저해하게 되어 납세자의 권리가 위축된다. 그래서 세법은 이에 대해 엄격한 절차를 정하고 있다. 다음에서 이에 대해 알아보자.

1. 평가기간 밖의 시가평가제도

상증법 제60조 제1항 단서에서는 평가기간 밖에서 시가평가를 할 수 있도록 하고 있다. 우선 관련 규정부터 살펴보자.

> 다만, 평가기간에 해당하지 않는 기간으로서 평가기준일 전 2년 이내의 기간에 매매 등이 있거나 평가기간이 경과한 후부터 제78조 제1항에 따른 기한까지의 기간 중에 매매 등이 있는 경우에도 평가기준일부터 제2항 각 호의 어느 하나에 해당하는 날까지의 기간 중에 시간의 경과 및 주위환경의 변화 등을 고려하여 가격변동의 특별한 사정이 없다고 보아 상속세 또는 증여세 납부의무가 있는 자(납세자), 지방국세청장 또는 관할세무서장이 신청하는 때에는 제49조의 2 제1항에 따른 평가심의위원회의 심의를 거쳐 해당 매매 등의 가액을 다음 각 호의 어느 하나에 따라 확인되는 가액에 포함시킬 수 있다(2022. 02. 15 개정).

위의 내용을 좀 더 자세히 살펴보자.

첫째, 평가기준일 전 2년 이내의 기간에 매매 등이 있거나 평가기간이 경과한 후부터 제78조 제1항에 따른 기한*(평가기간은 제외)까지의 기간에 매매 등이 있는 경우에 적용된다.

* 상속세(증여세) 신고기한으로부터 9개월(증여는 6개월)을 말한다.

➔ 평가기준일 전 2년~상속세 등 결정기한 내의 기간 중 평가기간을 제외한 기간 내의 매매사례가액 등도 시가에 해당함을 말해준다.

둘째, 평가기간 밖의 시가가 인정되려면 그 기간에 시간의 경과 및 주위환경의 변화 등을 고려해서 가격변동의 특별한 사정이 없어야 한다.

➔ 만일 가격변동이 심한 상태에서 발견된 매매사례가액 등은 시가에 해당하지 않는다. 이에 대한 입증책임은 이를 주장하는 자에게 있는 것이 원칙이다(상증령 제49조 제1항 단서 참조).

셋째, 납세자, 지방국세청장 또는 관할세무서장의 신청을 통해 평가심의위원회의 심의를 거친 매매 등의 가액에 해당해야 한다.

➔ 평가기간 밖의 시가는 평가심의위원회에서 심의를 통해 확정된다. 신청은 납세자와 과세관청 모두가 가능하다. 이에 대한 신청 절차 등은 이 장의 절세탐구 3에서 살펴본다.

2. 적용 사례

사례를 통해 앞의 내용을 확인해보자. 다음 자료는 상속재산에 관한 내용이다. 물음에 답해보자.

자료

- 평가기준일 : 20×5년 6월 1일
- 평가기간일 : 20×4년 12월 1일~20×5년 11월 30일(1년)
- 평가대상 부동산의 시가 등 정보

구분	평가기간 (1년)	평가기간 밖(평가기간 제외)	
		평가기준일 전~2년	평가기간 후~결정기한
A 주택	매매 등 없음.	없음.	없음.
B 아파트	매매 등 있음.	있음.	있음.
C 토지	매매 등 없음.	있음.	없음.

Q1. A 주택은 평가기간 내외에서 모두 매매 등이 없었다. 그렇다면 이 경우 기준시가로 신고해도 문제는 없는가?

A 주택은 평가기간 내외에서 매매 등이 없었으므로, 기준시가(공시가격)로 신고해도 문제가 없다. 매매사례가액이 없으면 기준시가를 시가로 인정받을 수 있기 때문이다. 단, 이 경우 과세관청의 감정평가 대상이 될 수 있다.

Q2. B 아파트의 경우 평가기간 내외에서 모두 매매 등이 있었다. 이 경우 어떤 식으로 평가를 해야 하는가?

B 아파트는 평가기간 내외에서 매매가 있었으므로, 해당 매매사례가액을 시가로 사용해야 한다. 평가순서는 다음과 같다.

- 평가기간(1년) 내 매매사례가액이 있는 경우→이를 먼저 사용
- 평가기간 내 적절한 시가가 없는 경우→평가기간 밖의 매매사례가액 중 평가심의위원회가 심의한 매매사례가액을 시가로 인정받을 수 있음.

Q3. C 토지의 경우 평가기간 내에서는 매매 등이 없었지만, 평가기간 밖에서 매매 등이 있었다. 이 경우 납세자가 평가기간 밖의 매매사례가액 등을 시가로 인정받으려면 어떤 절차를 거쳐야 하는가?

평가기간 밖의 매매사례가액을 시가로 인정받으려면, 평가심의위원회에 시가로 인정해달라는 신청을 해야 한다. 이때 납세자는 해당 매매사례가액이 평가기준일로부터 소급해 2년 이내(단, 평가기간은 제외)에 있으며, 그 매매사례가액이 평가기준일에 근접한 시점의 가액임을 입증해야 한다. 구체적인 것은 Q4의 답변을 참고하자.

Q4. Q3에서 가격변동이 없었음을 입증하려면 어떤 서류가 필요할까?

가격변동이 없었음을 입증하기 위해 제출해야 할 서류는 다음과 같다. 참고로 가격변동은 기준시가의 변동이 아닌 실제거래가액의 변동이 없었음을 입증하는 것이 중요하다(심사상속-2021-0011).

- 매매계약서 : 평가기간 밖의 매매사례가액을 확인하는 데 필요
- 감정평가서 : 가격변동이 없음을 입증할 자료로 활용
- 인근 부동산의 거래사례 자료 : 유사한 조건의 다른 부동산 거래사례를 통해 가격변동이 없었음을 보완적으로 증명
- 부동산 공시지가 변동 내역 : 해당 토지의 공시지가 변동이 없었음을 확인할 수 있는 자료

Tip **평가기간 밖 시가평가제도의 문제점**

1. 과세 형평성 문제

상증법에서 평가기간을 명확히 정한 이유는 모든 납세자에게 동일한 기준을 적용하기 위해서다. 그런데 평가기간 외의 매매사례가액을 인정하기 시작하면, 특정 납세자가 유리하거나 불리한 판단을 받을 가능성이 커질 수 있다. 이는 평가의 일관성과 과세 공평성을 저해할 수 있다.

2. 가격변동의 변화 판단

평가기간(전후 6개월) 외의 매매사례가액 등도 가격변동이 없으면 시가로 인정하는바, 이 기준은 매우 주관적일 수 있어 과세관청의 해석과 납세자의 의견이 충돌할 가능성이 크다.

3. 평가심의위원회의 역할과 공정성

상증법 시행령 제49조는 평가기간 밖의 매매사례가액을 시가로 인정하려면 평가심의위원회의 자문을 거치도록 하고 있다. 하지만 이 과정에서 평가심의위원회의 판단기준과 객관성이 항상 공정하게 유지된다는 보장이 부족할 수 있다. 예를 들어 위원회의 구성원이나 의견에 따라 결론이 달라질 가능성이 있으며, 이는 납세자 관점에서 불확실성을 초래할 수 있다.

절세탐구 3 납세자의 국세청 감정평가사업에 대한 대응방법

앞에서 본 것처럼 세법상 시가가 없다면 기준시가(시가표준액)가 시가의 역할을 할 수밖에 없다. 하지만 이를 무한정 인정하면 공정한 과세에서 멀어지게 된다. 이러한 측면에서 최근에 도입된 제도가 바로 과세관청의 감정평가사업이다. 다음에서는 국세청의 감정평가사업에 대해 알아보고 이에 대한 납세자의 대응방법을 알아보자.

1. 국세청 감정평가사업

1) 국세청 감정평가사업이란

과세관청이 감정평가를 받은 금액도 시가로 인정받을 수 있다(과세관청의 감정평가사업). 이에 관한 내용을 간략히 정리하면 다음과 같다.

- 이는 납세자가 상속세나 증여세를 신고할 때 부동산 등을 보충적 평가방법인 기준시가(지방세는 시가표준액) 등으로 신고한 경우 과세관청(국세청과 지자체)이 별도로 받은 감정평가로 시가를 입증할 경우 이의 금액으로 과세할 수 있는 제도를 말한다. 참고로 국세청 등의 필요에 따라 예산을 투입해서 감정평가를 받기에 이를 감정평가사업이라고 한다.
- 과세관청은 자신들이 스스로 감정평가를 받은 금액을 평가심의위원회*에 심의를 요청할 수 있다.

  * 매매 등의 가액에 대한 시가 인정 여부, 비상장주식 가액의 평가 및 평가의 적정성 여부 등을 심의하기 위해 국세청, 각 지방국세청에 설치한 심의기구를 말한다. 지방세도 이러한 위원회를 별도로 두고 있다.
- 이에 따라 심의를 받은 감정가액을 기준으로 납세자가 신고한 가격을 경정할 수 있다.

자료

- 수증자 : K 법인(K 씨 40%, 그의 배우자와 자녀 2명이 각각 20%씩 보유)
- 증여자 : K 씨의 부친
- 증여대상 : 일반 상가
- 시세 : 5억 원(기준시가 : 3억 원)

Q1. 법인세 예상액은?

전체 소득금액이 5억 원이므로 이에 19%와 2,000만 원의 누진공제를 적용하면 7,500만 원의 법인세가 예상된다(주업이 임대업 등으로서 상시근로자 수가 5인 미만 등인 성실신고확인대상 소규모 법인은 19~24%가 적용된다).

Q2. 주주에게 증여세 과세를 할 때 증여이익은 어떻게 산정하는가?

이는 증여가액에서 증여에 의해 산출되는 법인세 상당액을 차감해 계산한다. 단, 지방소득세는 제외하기로 한다.

- 증여이익=5억 원-7,500만 원=4억 2,500만 원

Q3. 사례에서 주주에게 증여세가 과세되는가?

주주에게 증여세가 과세되기 위해서는 주주별로 증여이익이 1억 원 이상이 되어야 한다. 따라서 K 씨에게만 증여세가 과세된다.

➔ K 씨의 경우 40%의 지분율을 보유하고 있으므로 4억 2,500만 원에 40%를 곱하면 1억 7,000만 원이 된다. 나머지는 각각 20%를 보유하고 있고 개인별 증여이익이 1억 원에 미달하기 때문에 증여세가 부과되지 않는다.

Q4. 영리법인에 증여한 재산은 상속가액에 합산되는가?

그렇다. 이때 합산되는 기간은 상속개시일 전 소급해서 5년이다. 영

리법인은 상속인 외의 자가 되기 때문이다. 한편 주주 중 상속인의 합산 기간은 10년, 그 외는 5년이 된다.

Tip 영리법인과 상속

영리법인도 상속을 받을 수 있다. 다만, 상속 개시 전에 미리 유증의 절차를 거쳐야 한다. 이에 대한 자세한 내용은 저자의 《가족 간 상속·증여 영리법인으로 하라!》를 참조하기 바란다.

Tip 성실신고확인대상 소규모 법인에 대한 세제 강화

1. 성실신고확인대상 소규모 법인이란

① 지배주주의 보유지분율 50% 초과, ② 부동산임대업이 주업이거나 임대소득, 이자와 배당소득이 매출액의 50% 이상, ③ 상시근로자 수가 5명 미만인 요건을 모두 충족한 법인을 말한다. 따라서 부동산임대업이 아니더라도 전체 매출 중에서 이자나 배당소득이 50% 이상 발생하면 소규모 법인에 해당할 수 있다. 주의하기 바란다.

2. 성실신고확인대상 소규모 법인에 대한 세법상의 규제

첫째, 매년 세무대리인이 수입과 비용을 검증한 후 신고하도록 하는 성실신고확인제도가 적용된다.

둘째, 이 법인은 중소 및 중견기업에서 제외되므로 연간 기업업무추진비 한도가 600만 원*이 된다(단, 개정 시행령을 확인할 것).

* 일반기업의 기업업무추진비 기본한도는 연간 1,200만 원이고, 성실신고확인대상 법인의 기본한도는 이의 1/2이 되기 때문이다.

셋째, 업무용 승용차 운행일지를 작성하지 않으면 연간 500만 원을 비용으로 인정한다(일반법인은 1,500만 원).

넷째, 법인세율이 19~24%가 적용된다. 일반법인은 9~24%가 적용된다.

법인의 부동산과 자산재평가

법인이 대출을 받거나 회계감사 등을 실시할 때 부동산을 감정평가해서 재무상태표에 반영하는 경우가 많다. 이렇게 부동산을 재평가해서 재무상태표에 반영하면 회계와 세무에 다양한 영향을 미치게 된다. 다음에서 이에 대해 알아보자.

1. 부동산의 재평가와 세무회계상 쟁점

1) 회계적 쟁점

첫째, 감정평가로 재산 가치를 평가하면, 재무상태표상의 자산과 자기자본(자본잉여금)이 증가한다.

둘째, 이러한 변화는 부채비율 감소, 신용도 상승 등 재무구조 개선 효과를 줄 수 있다.

셋째, 재평가 금액이 반영된 경우, 해당 금액에 기초한 감가상각비는 회계적으로는 인정되나 세법상으로는 인정되지 않아 세무조정을 필요로 한다.

이 외에도 비상장법인의 경우 전년도 말 자산가액 120억 원 이상, 부채 70억 원 이상, 매출액 100억 원 이상, 종업원 수 100명 이상의 요건에서 2가지 이상에 해당하면 외부 회계감사를 받아야 한다.

2) 세무적 쟁점

첫째, 재평가잉여금은 법인의 과세소득에 포함되지 않지만, 나중에 처분(매각)될 경우 법인세로 과세된다.

→ 세법은 임의로 평가해서 얻은 이익에 대해서는 과세소득으로 인정하지 않는다(재평가잉여금 및 자산에 대한 세무조정이 필요. 다음 사례 참조). 그 대신 추후 처분 시 발생한 이익에 대해 과세한다.

둘째, 세무상 자산 가액은 당초 취득가액이 되므로 재평가된 금액으로 감가상각의 진행 시 이에 대해 세무조정을 해야 한다. 예를 들어 평가증한 금액에 대한 감가상각비가 1,000만 원이라면 다음과 같이 세무조정을 한다.

• 손금불산입 감가상각비 1,000만 원(유보)*

* 만일 평가증을 하지 않는 금액과 섞여 있다면 안분계산을 해야 한다.

셋째, 재산평가로 자기자본이 증가하면 주식가치가 상승하게 된다. 비상장법인의 주식평가는 순자산가치와 순손익가치 방식을 혼합해서 계산된다. 이 경우 순자산가치가 증가해서 주식평가액이 올라갈 가능성이 크다. 따라서 이러한 상황에서 주식 이동이 있는 경우 관련 세금(양도세, 상속세, 증여세 등)이 증가할 수 있다.

2. 적용 사례

K 법인은 재무구조를 개선할 필요가 있어 오래된 부동산(토지)을 감정평가 받고자 한다. 다음 자료를 보고 물음에 답해보자.

자료

- 부동산(토지) 취득가액 10억 원(현재 시점의 기준시가 20억 원)
- 재무구조 개선의 목적으로 감정평가를 할 예정임(감정평가 예상액 50억 원).

Q1. 위의 내용을 회계 처리와 재무상태표로 표시하면? 단, 재평가 이전의 자본금은 10억 원이라고 하자.

회계 처리의 내용과 재무상태표의 내용을 순차적으로 살펴보면 다음과 같다.

(차변) 자산 40억 원　　　　(대변) 재평가잉여금 40억 원

자산 부동산 50억 원	자본 자본금 10억 원 재평가잉여금 40억 원

→ 재평가잉여금은 회계상 기타포괄손익에 해당한다. 기타포괄손익은 재무상태표의 변동을 가져왔으나 당기손익에 반영되지 않는 항목에 해당한다. 주로 평가손익이 이에 해당한다.

Q2. 위의 재평가잉여금에 대해서는 법인세가 과세되는가?

그렇지 않다. 세법은 이를 인정하지 않기 때문이다. 참고로 평가증한

금액과 이에 대한 감가상각비를 장부에 반영한 경우, 이에 대해서는 세무조정을 해야 한다.

재평가잉여금	감가상각비
〈익금산입〉 재평가잉여금(기타) 〈손금산입〉 자산(△유보)	〈손금불산입〉 감가상각비(유보)

Q3. 만일, 이 상황에서 주식평가를 한다고 하자. 이때 자산 중 부동산은 당초 취득가액으로 하는가, 감정평가액이 반영된 장부가액으로 하는가?

법인이 보유한 부동산에 대해서는 원칙적으로 장부가액 기준으로 주식을 평가한다. 따라서 사례의 경우 감정받은 금액으로 장부가액이 수정되었으므로, 수정된 장부가액으로 주식을 평가해야 할 것으로 보인다. 다음의 해석을 참조하기 바란다.

※ 재산세과-386, 2010. 06. 08

상증령 제55조 제1항의 규정에 따라 비상장법인의 순자산가액을 계산할 때에 당해 법인의 자산 가액은 같은 법 제60조 내지 제66조의 규정에 따른 평가액에 의하는 것이며, 이 경우 당해 법인의 자산을 같은 법 제60조 제3항 및 제66조의 규정에 따라 평가한 가액이 장부가액보다 적으면 장부가액에 의하되 장부가액보다 적은 정당한 사유가 있는 경우에는 그러하지 아니하는 것으로서 이때 장부가액은 기업회계기준 등에 의해 작성된 재무상태표상 가액에 의하는 것임.

Q4. 만일 당초 취득가액으로 주식을 평가하면 어떤 문제가 있을까?

상증법 제60조와 상증령 제49조 등에서 비상장주식의 가액평가 및 평가방법 등에 대해 평가심의위원회에 심의를 요청할 수 있다. 한편 부동산 과다보유법인(자산 중 부동산이 차지하는 비중이 50% 이상인 법인)의 부동산은 국세청이 감정평가 받은 가액을 이 위원회에 심의요청할 수 있다. 이러한 과정을 보건대 부동산을 과다보유한 비상장법인이 부동산을 감정평가 받지 않고 주식평가를 하면 국세청이 대신 감정평가를 받아 이를 기준으로 주식평가를 할 수 있음을 알 수 있다. 따라서 부동산을 많이 보유하고 있는 비상장법인이 주식평가를 할 때는 이러한 점에 유의해야 할 것으로 보인다. 부동산 과다보유법인의 비상장주식 평가법은 이 장의 절세탐구 2를 참조하기 바란다.

Tip 현물출자·사업양수도 시 감정평가

현물출자나 사업양수도 과정에서 부동산 감정평가는 공정한 거래가치를 산정하기 위해 필수적이다. 이에 세법은 법인에 현물출자 등을 할 때는 감정평가를 하도록 하고 있다. 실무적으로 감정평가를 통해 부동산의 가치를 객관적으로 입증하면, 거래 상대방 및 세무당국과의 분쟁을 예방할 수 있다.

→ 현물출자나 사업양수도에 의한 법인전환 등은 저자의 《개인사업자를 유지할까 법인사업자로 전환할까》 등을 참조하기 바란다. 해당 책에서는 현물출자 시 감정평가와 관련된 법적 절차 및 세무상 유의사항을 상세히 다루고 있다.

절세탐구 1 법인세와 종합소득세의 시가평가법

법인세와 종합소득세에서의 시가평가는 주로 특수관계인 간의 거래(부당행위계산) 시에 자주 등장한다. 다음에서 이에 대해 알아보자. 참고로 법인세와 종합소득세의 시가평가는 상증법상의 시가평가원칙과는 거리가 멀다.

1. 법인세

법인세법에서는 특수관계인 간의 거래에 대한 부당행위계산을 판단할 때 시가평가를 하도록 하고 있다. 이에 대해서는 구체적으로 법인세법 시행령 제89조에서 다음과 같이 정하고 있다.

① 해당 거래와 유사한 상황에서 해당 법인이 특수관계인 외의 불특정다수인과 계속적으로 거래한 가격 또는 특수관계인이 아닌 제3자간에 일반적으로 거래된 가격이 있는 경우에는 그 가격에 따른다.

② 시가가 불분명한 경우에는 다음 각 호를 차례로 적용하여 계산한 금액에 따른다.

1. 감정가액(감정한 가액이 2 이상인 경우에는 그 감정한 가액의 평균액). 다만, 주식등 및 가상자산은 제외한다.
2. 상증법 제38조·제39조·제39조의 2·제39조의 3, 제61조부터 제66조까지의 규정을 준용하여 평가한 가액

이를 요약해보자.

첫째, 법인세법상의 시가는 앞에서 본 상증법과는 달리 평가기간 내와 밖의 시가평가제도를 두고 있지 않다. 하지만 '해당 거래와 유사한

상황'에서 매매사례가액 등을 시가로 할 수 있도록 하는 등 평가방법이 다소 추상적으로 되어 있으므로 주의해야 한다. 과세관청은 여러 가지 정보를 통해 시가를 파악할 수 있기 때문이다.

둘째, 시가가 불분명할 때는 다음 각 호를 차례로 적용해서 계산한 금액에 따른다.

1. 감정한 가액이 있는 경우 그 가액(감정한 가액이 2 이상이면 그 감정한 가액의 평균액). 다만, 주식 등은 제외한다.

➔ 시가가 불분명한 경우 감정을 받으면 해당 가액이 시가가 된다. 실무에서는 아파트의 경우 대부분 감정평가를 받아 일 처리를 도모하고 있다.

2. 상증법 제38조(합병)·제39조(증자)·제39조의 2·제39조의 3, 제61조부터 제66조*까지의 규정을 준용해서 평가한 가액

* 기준시가로 평가하는 규정을 말한다.

➔ 법인세법은 상증법 제60조를 준용하지 않는다. 따라서 평가기간 내와 밖의 시가평가제도는 적용되지 않는다고 해석된다.

한편, 다음의 것들도 추가로 알아두자.

- 금전의 대여 또는 차용의 경우에는 무조건 당좌대출이자율(4.6%) 등을 시가로 한다.
- 금전 외 자산 또는 용역은 위의 첫 번째와 두 번째 규정을 적용할 수 없는 경우에는 다음의 규정에 따라 계산한 금액을 시가로 한다.
  - 유형 또는 무형의 자산을 제공하거나 제공받는 경우에는 당해 자산 시가의 100분의 50에 상당하는 금액에서 그 자산의 제공과

관련해서 받은 전세금 또는 보증금을 차감한 금액에 정기예금이자율(3.5%)을 곱해서 산출한 금액

2. 종합소득세

소득세법상 종합소득세 등에 대한 부당행위를 계산할 때 필요한 시가는 앞에서 본 법인세법 시행령 제89조를 준용한다(소득세법 시행령 제98조 제3항).

절세탐구 2 부동산 과다보유법인의 비상장주식 평가방법

부동산 과다보유법인의 비상장주식과 관련된 다양한 의사결정을 할 때는 반드시 세법상의 주식평가액을 확인해야 한다. 이와 관련해서 다양한 세무상 쟁점이 발생하기 때문이다. 특히 가족 간에 상속이나 증여 또는 양도 등으로 주식을 이전할 때 세법상의 시가와 차이가 난 경우에는 이를 부인할 가능성이 크다. 다음에서는 주로 부동산 과다보유법인의 비상장주식 평가방법에 대해 알아보자.

1. 세법상의 주식평가법

세법상 법인의 주식은 크게 상장주식과 비상장주식으로 구분할 수 있다. 먼저 이에 대한 상증법상의 평가방법을 요약해보자.

1) 상장주식

상장주식은 시장에서 거래되므로 시가를 알기가 쉽다. 현행 세법은 상장주식에 대해서는 평가일 전후 2개월(4개월)간의 종가를 평균해서 이를 시가로 본다.

→ 실무에서 보면 상장주식은 시가가 명확히 파악되므로 쟁점이 거의 발생하지 않는다.

2) 비상장주식

① 시가

평가기간 내외의 매매사례가액*이나 경매가격 등이 이에 해당한다. 여기서 알아둘 것은 주식은 감정가액을 인정하지 않는다는 것이다. 참고로 주식은 유사재산이 거의 없는 경우가 많다. 따라서 해당 주식에 대한 평가는 대부분 다음 ②의 보충적 평가방법에 따른다.

* 특수관계인 간의 거래가액은 일반적으로 제외되며, 이 외의 경우라도 해당 매매사례가액이 액면가의 1%와 3억 원 중 적은 금액 미만이 되면 시가에서 제외된다. 매매사례가액에 대한 신뢰성 확보를 위한 조치에 해당한다.

② 보충적 평가방법

시가가 없는 경우에는 세법에서 정한 보충적 평가방법을 사용한다. 이에 대한 자세한 내용은 다음 사례를 통해 확인해보자.

③ 평가심의위원회의 심의가액

납세자가 법에서 정한 방법(예 : 업종 비교법, 현금흐름 할인법, 배당할인법 등)으로 주식을 평가한 후 해당 금액을 평가심의위원회에 심의요청을 할 수 있다. 이때 납세자가 기한 내에 제출한 가액이 보충적 평가방법으로 계산한 가액의 70~130% 내에 있으면 평가심의위원회가 이에 대해 심의할 수 있다. 만약 그 범위를 벗어나면 보충적 평가방법으로 평가한 금액을 시가로 해야 할 것으로 보인다.

※ 주식평가방법 요약

상장주식	비상장주식
평가기준일 전후 2개월간의 종가평균	① 평가기간 내 매매사례가액*, 공·경매가액이 있는 경우 : 해당 가액(감정가액은 인정하지 않음) ② 평가기간 밖 매매사례가액 등이 있는 경우 : 평가심의위원회의 심의가액 ③ ①과 ②의 시가가 없는 경우로서 납세자가 임의로 평가한 경우 : 평가심의위원회의 심의가액* ④ ①~③이 없는 경우 : 보충적 평가방법**

* 비상장주식에 대한 시가가 없다면 원칙적으로 보충적 평가방법에 따른 평가액이 시가가 된다. 다만, 이때 해당 가액이 불합리하다고 판단되는 경우에는 납세자가 임의로 평가한 가액을 기한(상속세의 경우 법정신고기한 만료 4개월) 내에 평가심의위원회에 심의를 요청할 수 있다. 이때 공정하고 객관적인 심의를 위하

여 납세자별 주식평가액의 차이(보충적 평가액-유사상장법인 주가비교평가액)가 5억 원 이상이면 평가심의위원회는 신용평가 전문기관에 평가를 의뢰하고 그 결과를 참고해 결정할 수 있으며, 이때 평가수수료는 납세자가 부담한다.

** 주식에 대한 시가가 없고, 납세자가 임의로 평가한 가액도 없는 상황에서는 보충적 평가방법으로 주식을 평가해야 한다.

2. 부동산 과다보유법인의 보충적 주식평가법

비상장주식은 일반적으로 시가가 없는 경우가 많다. 그래서 상증법은 증권거래법상의 평가방법을 준용해 순손익가치와 순자산가치를 3과 2의 비율(부동산 과다보유법인은 2:3)로 가중평균해 주식가치를 산정하도록 한 후 이를 시가로 하고 있다. 일단 산식부터 살펴보자.

- 일반법인의 1주당 평가액 = $\frac{\text{1주당 순손익가치} \times 3 + \text{1주당 순자산가치} \times 2}{5}$

이는 해당 법인의 수익력과 자산가치 등을 고려한 보충적 평가방법에 해당한다. 그런데 부동산 과다보유법인의 경우에는 평가 전에 몇 가지를 정리할 필요가 있다. 참고로 부동산 과다보유법인은 부동산이 차지하는 비중이 전체 자산 중 50% 이상인 법인을 말한다.

첫째, 부동산 과다보유법인이 보유한 부동산의 시가와 기준시가의 차이가 5억 원 이상이면 국세청 감정평가 대상이 된다. 따라서 이 경우 부동산에 대해 먼저 감정평가를 받는 것이 원칙이다. 참고로 이를 받지 않은 상태에서 상속세 등을 신고하고 추후 세무조사 과정에서 신고가액이 경정되면 본세는 추가되지만, 가산세는 부과되지 않는다.

둘째, 부동산 과다보유법인의 1주당 평가액 계산 시 가중비율을

2 : 3으로 한다. 부동산의 가치를 더 반영하겠다는 취지에서 그렇다.

셋째, 부동산 등의 보유비중이 80% 이상이거나 사업개시 후 3년 미만인 법인의 주식은 순자산가치로만 평가한다. 부동산이 대부분을 차지하고 있거나 손익가치가 없는 점을 고려한 조치에 해당한다.

넷째, 앞의 가중평균에 의한 1주당 평가액이 1주당 순자산가치의 100분의 80에 미달하는 경우 1주당 순자산가치의 80%를 주식평가액으로 한다.

- 비상장주식 평가액=Max[1주당 평가액, 1주당 순자산가치의 80%]

예를 들어 가중평균에 의한 1주당 평가액이 1만 원이고, 1주당 순자산가치가 2만 원이라면 2만 원의 80%인 1만 6,000원이 주식평가액이 되는 것이다.

다섯째, 최대주주 등의 주식에 적용되는 20% 할증평가는 중소기업과 중견기업에는 적용하지 않는다. 하지만 이 외 일반기업은 할증 과세 20%를 적용한다(상증법 제63조 제3항).*

* 조특령 제2조가 아닌 중소기업기본법상의 중소기업(임대업의 경우 매출 400억 원 이하) 등에 해당하면 이 제도는 적용되지 않는다(법조문 확인).

※ 비상장주식 평가방법 요약

<table>
<tr><th>구분</th><th>1주당 평가액</th><th>비고</th></tr>
<tr><td>일반법인</td><td>(1주당 순손익가치×3+1주당 순자산가치×2)/5</td><td rowspan="2">Max[가중평균 평가액, 순자산가치의 80%]</td></tr>
<tr><td>부동산
과다보유법인</td><td>(1주당 순손익가치×2+1주당 순자산가치×3)/5</td></tr>
<tr><td>3년 미만의 법인,
부동산 등의 비중이
80% 이상인 법인 등</td><td>순자산가치</td><td>가중평균하지 않음.</td></tr>
</table>

3. 적용 사례

어떤 법인의 최근 3년간의 이익이 매년 2억 원씩 발생했다고 하자. 또한, 재무상태표상의 토지와 건물은 시세를 반영하고 있고, 이 기업의 발행주식 수는 10만 주라고 하자. 다음 물음에 답해보자.

<table>
<tr><td rowspan="2">자산
현금·재고자산
토지
건물</td><td rowspan="2">
15억 원
40억 원
10억 원</td><td>부채
차입금</td><td>5억 원</td></tr>
<tr><td>자본
자본금 등</td><td>60억 원</td></tr>
<tr><td>계</td><td>65억 원</td><td>부채와 자본 계</td><td>65억 원</td></tr>
</table>

Q1. 이 법인은 세법상 부동산 과다보유법인에 해당하는가?

그렇다. 전체 자산 중 토지와 건물의 비중이 50%를 넘기 때문이다.

Q2. 이 법인의 1주당 평가액은 얼마인가? 단, 이 법인은 부동산 과다보유 법인에 해당한다.

첫째, 1주당 순손익가치를 계산해보자.

자료에서 매년 2억 원 정도의 순이익이 계산되었으므로 이를 10만 주로 나누면 매년 1주당 순손익액은 2,000원이 나온다. 세법에서는 최근 3개년도의 1주당 순손익을 가중평균하고, 이렇게 해서 나온 금액을 10%(수시로 변경)로 할인하도록 하고 있다. 그 결과 1주당 순손익가치는 2만 원이 나온다.

- 1주당 가중평균 손익액
  =[(2,000×3)+(2,000×2)+(2,000×1)]×1/6=12,000×1/6=2,000원
- 1주당 순손익가치
  =2,000원/10%(할인율)=20,000원

둘째, 1주당 순자산가치를 계산해보자.

이는 순자산가액을 발행주식 총수로 나눈다. 여기서 순자산가액은 다음과 같이 구한다.

구분	근거	금액
① 자산	자산+토지평가증액=65억 원	65억 원
② 부채	B/S 부채합계=5억 원	5억 원
③ 순자산가액(①-②)		60억 원

이를 바탕으로 산출된 60억 원을 10만 주로 나누면 1주당 순자산가치는 6만 원이 된다.

셋째, 이 둘을 가중평균해보자.

이상과 같이 1주당 순손익가치와 1주당 순자산가치를 계산했다면 다음과 같이 1주당 평가가격을 구할 수 있다. 참고로 이 법인은 부동산 과다보유법인에 해당하므로 가중평균 시 2 : 3의 비율을 사용한다.

• [(20,000×2)+(60,000×3)]×1/5=220,000×1/5=44,000원

넷째, 주식평가액의 하한을 살펴보자.

사례의 가중평균에 의한 1주당 평가액이 44,000원이고, 1주당 순자산가치가 6만 원이며, 이의 80%는 48,000원이다. 따라서 사례의 주식평가액은 1주당 48,000원이 된다.

• 총 주식가치=10만 주×48,000원=48억 원

Q3. K 씨는 이 법인의 주식을 50% 가진 상태에서 사망했다. 따라서 Q2에 따르면 해당 상속주식의 가액은 24억 원이 된다. 그런데 상속인들은 해당 가액을 너무 불합리하다고 판단하고 있다. 이 경우 어떤 조치를 할 수 있는가?

이때는 납세자가 법에서 정한 방법으로 주식을 평가한 후 상속세 과세표준 신고기한 만료 4개월 전에 평가심의위원회에 주식 가액을 결정해달라고 요청할 수 있다. 다음의 집행기준을 참조하자.

※ 상증세 집행기준 63-56의 2-1[평가심의위원회에 의한 비상장주식 평가]

상속·증여세 납부의무가 있는 자는 다음 요건을 모두 충족하는 비상장법인의 주식평가에 대하여 국세청평가심의위원회 또는 지방청평가심의위원회에 상속세 과세표준 신고기한 만료 4개월 전(증여세 과세표준 신고기한 만료 70일 전)까지 신청하는 경우 평가위원회가 제시한 평가가액으로 비상장주식을 평가할 수 있다. 이 경우 납세자는 동일한 사안에 대하여 국세청평가심의위원회와 지방청평가심의위원회에 중복하여 신청할 수 없다.

① 중소기업기본법상의 중소기업

② 보충적 평가방법에 따른 비상장주식 가액이 당해 법인의 자산·매

출 규모 및 사업의 영위 기간 등을 감안하여 동종업종을 영위하고 있는 주권상장법인 등의 주식 가액과 비교할 때 불합리하다고 인정되는 법인

Q4. 만일 Q3에서 K 씨의 주식을 액면가로 책정해서 상속세를 신고하면 과세관청은 해당 주식 가액을 어떤 식으로 결정할까?

과세관청은 이를 인정하지 않고 보충적 평가방법에 따라 1주당 48,000원으로 평가해서 상속세를 부과할 것으로 보인다. 이때 납세자는 평가심의위원회에 심의요청을 할 수 없다. 해당 요청은 상속세 과세표준 신고기한 만료 4개월 전에 이뤄져야 하기 때문이다.

제9장

감정평가 받기 전에 알아야 할 것들

감정평가 시행 전에 점검해야 할 것들

이제 다양한 검토를 통해 감정평가를 받기로 했다고 하자. 그렇다면 아무렇게나 감정평가를 받아도 될까? 그렇지 않을 것이다. 감정평가를 하더라도 법에 저촉되지 않은 상태에서 자신에게 가장 유리한 방식으로 이를 활용해야 할 것이다. 이러한 관점에서 감정평가 시행 전에 점검해야 할 것들을 알아보자.

1. 감정평가 시행 전에 점검해야 할 것들

감정평가를 할 때 다음과 같은 것들을 점검해야 한다. 물론 이들에 대해서는 순차적으로 하나씩 살펴볼 예정이다.

- 감정평가의 절차는 어떻게 되는가?
- 감정평가의 용도에 따른 세법상 인정 여부는?
- 감정평가 대상의 선정방법은?
- 세목별로 필요한 감정평가 개수는?
- 감정가액에 대한 세법상 유효기간은?

- 감정평가의 시점 선택방법은?
- 소급감정가액을 세법적으로 인정받는 방법은?
- 감정가액이 인정되지 않는 부실감정의 범위는?
- 감정평가수수료의 책정방법과 이에 대한 경비인정의 여부는?

2. 적용 사례

사례를 통해 감정평가제도에 대해 먼저 정리해보자.

Q1. 감정평가는 누가 하는 것인가?

감정평가법에서 정하고 있는 감정평가법인 등(소속 감정평가사를 포함한다)이 하도록 하고 있다. 따라서 이 법에 따르지 않은 자가 평가하는 것은 법적인 효력이 없다.

Q2. 감정평가방식은 어떻게 되는가?

감정평가에 관한 규칙 제11조에서 이에 대해 정하고 있다. 이에는 다음과 같은 방식이 있다.

1. 원가방식 : 원가법 및 적산법 등 비용성의 원리에 기초한 감정평가방식*

   * 새로 건축하는 데 드는 비용을 기준으로 가치를 평가하는 방식이다.

2. 비교방식 : 거래사례 비교법, 임대사례비교법 등 시장성의 원리에 기초한 감정평가방식*

   * 시장에서 실제 거래된 유사한 부동산의 가격을 기준으로 가치를 평가하는 방식이다.

3. 수익방식 : 수익 환원법 및 수익분석법 등 수익성의 원리에 기초한 감정평가방식*

   * 해당 부동산이 창출할 수 있는 미래 수익을 기준으로 가치를 산정하는 방식이다.

Q3. 감정평가한 금액에 대한 타당성 확보를 위해 감정평가법과 세법 등에서는 어떤 제도를 두고 있을까?

먼저 감정평가법 제7조에서는 의뢰인에게 감정평가서를 직접 발급하기 전에 내부 심사를 거치도록 하고 있으며, 제8조에서는 관할 주무부서(국토교통부)에서 사후 타당성 조사를 할 수 있도록 하고 있다. 한편 세법에서는 부실감정제도를 두어 이에 해당하면 이의 감정가액을 인정하지 않는다. 이에 대한 자세한 내용은 뒤에서 알아본다.

[Q] 돌발 퀴즈

어떤 땅은 거래가 없어 시세를 알 수 없음에도 불구하고 감정가액이 높게 평가된 때가 있다. 이런 경우 어떤 식으로 대처해야 할까?

이러한 현상은 감정평가가 실제 시세를 반영하지 못하는 상황에서 발생한다. 그렇다면 이에 대해서는 어떤 대책이 있을까?

- 다수의 감정평가 의뢰 : 여러 감정평가사에게 의뢰해 신뢰성을 높인다.
- 구체적인 사유를 통한 대응 : 감정평가와 시장 시세 차이를 구체적으로 설명한다.
- 법적 대응 준비 : 보충적 평가방법(기준시가)으로 신고한 후 과세관청이 감정가액으로 과세하면 이에 대해 법적 대응을 준비한다.

Tip 세무 실무에서 감정평가를 요청하는 절차

- 기준시가 및 매매사례가액 확인
- 감정평가의 실익분석
- 탁상감정
- 탁상감정에 따른 세금계산 및 세무상 쟁점 분석
- 정식 감정평가 시행

세무 실무상 감정평가 진행절차

지금까지의 내용으로 보건대, 감정평가는 납세자의 판단에 따라 언제든지 선택할 수 있다. 하지만 평가를 진행하기 전에 실익이 있는지를 정확히 따져보고 실익이 있는 경우에만 이를 실행하는 것이 좋다. 감정평가 시에는 수수료 등이 뒤따르기 때문이다. 다음에서 납세자가 감정평가를 받는 절차 등에 대해 알아보자.

1. 감정평가의 절차

실무상 감정평가는 기준시가나 매매사례가액 등을 조사한 후 순차적으로 진행한다.

첫째, 감정평가에 대한 실익을 분석한다.

감정평가는 납세자가 마음을 먹으면 언제든지 할 수 있다. 하지만 감정평가는 시세를 반영하고 있어 세금이 증가할 가능성이 크고, 수수료 등을 동반하므로 이에 대한 실익분석을 먼저 할 필요가 있다.

둘째, 감정평가 요청 전에 탁상감정부터 받아본다.

탁상감정이란 실제로 대상 부동산을 방문해 상태를 확인하지 않고, 관련 서류나 공공 데이터(지적도, 건축물대장, 거래사례 등)를 통해 평가하는 임시적인 평가방법을 말한다. 대부분 무료로 진행하는 경우가 많다.

셋째, 예상세금 등을 산출한 후 정식감정을 한다.

탁상감정가를 통해 관련 예상세금 등을 산출해보고, 예상되는 문제점 등을 점검한다. 이후 실익이 있는 경우에 정식감정을 요청한다.

2. 적용 사례

사례를 통해 앞의 내용을 확인해보자.

자료

- 평가대상 : 사무실 빌딩
- 기준시가 : 20억 원
- 추정시가 : 100억 원

Q1. 이 빌딩에 대한 예상 상속세는 얼마나 될까? 단, 이 외 재산과 상속공제액은 무시하기로 한다. 세율은 10~50% 중 50%(누진공제는 적용하지 않음)를 적용한다.

상속세는 재산가액을 어떤 식으로 정하느냐에 따라 세금의 크기가 달라진다.

- 기준시가로 과세되는 경우→20억 원×50%=10억 원
- 시가로 과세되는 경우→100억 원×50%=50억 원

Q2. 만일 기준시가로 신고하면 어떤 문제점이 예상되는가?

추정시가와 기준시가의 차이가 5억 원 이상이 나는 부동산은 과세관청의 감정평가사업 대상이 된다. 이는 국세청 등이 스스로 감정평가를 받은 금액을 기준으로 신고가액을 수정할 수 있는 제도를 말한다.

Q3. Q2에서 국세청이 감정평가를 받은 금액이 90억 원으로 나왔다고 하자. 이 경우 예상되는 상속세와 가산세는?

- 본세 추징 : (90억 원-20억 원)×50%=35억 원
- 신고불성실가산세와 납부지연가산세 : 부과하지 않음.

Q4. 사례자는 향후 해당 건물에 대해 감정평가를 받아 상속세 등을 신고하려고 마음을 먹었다. 이 경우 감정평가는 몇 개 받아야 하는가?

2개 이상을 받아야 한다. 한편 이렇게 받은 금액이 정당하다면 이를 평균한 가액을 신고가액으로 하면 된다.

Q5. 사례자가 탁상감정을 받은 결과 50억 원 정도의 감정가액이 예상되었다. 이후 정식감정을 받아 이 금액으로 증여하는 것을 추진해보고자 한다. 이 경우 감정가액은 문제가 없을까?

해당 금액이 부실감정이나 재감정의뢰 대상에 해당하지 않으면, 세법상 문제가 없다고 본다. 부실감정은 다른 기관이 평가한 것의 80% 미만으로 평가하면 그 대상이 된다. 한편 재감정의뢰 대상은 통상 기준시가 미만으로 평가하는 경우가 이에 해당한다.

감정평가 대상의 선정방법

여러 개의 부동산을 동시에 상속이나 증여하거나 지분으로 되어 있는 부동산은 어떤 식으로 감정평가할 것인지 등도 사전에 알아야 할 정보에 해당한다. 다음에서 세법은 이에 대해 어떤 식으로 정하고 있는지 알아보자.

1. 감정평가 대상의 선정방법

첫째, 감정평가 대상에는 제한이 없다.

따라서 토지와 건물, 주택분양권, 입주권, 기타 영업권 등도 대상에 포함한다. 다만, 주식 감정가액은 세법상 인정되지 않는다.

둘째, 신고대상에 여러 재산이 포함된 경우 선택적으로 감정평가를 할 수 있다.

예를 들어 아파트와 오피스텔이 있는 경우 아파트에 대해서만 감정평가를 해도 세법상 문제가 없다.

셋째, 지분으로 되어 있는 부동산은 전체 부동산을 평가한 후 해당 지분에 해당하는 가액을 안분한다.

즉, 이는 일부 지분만을 평가하는 것은 아니라는 것이다.

2. 적용 사례

사례를 통해 앞의 내용을 확인해보자. K 씨는 다음과 같은 재산을 보유하고 있다.

자료
- 아파트
- 분양권
- 건물(1/2은 자녀가 보유 중임)
- 비상장주식

Q1. 상속세 신고할 때 일부 재산만 감정평가를 받을 수 있을까?

그렇다. 일부 재산만 감정평가를 받을 수 있다.

※ 상증, 서면-2015-상속증여-0778, 2015. 06. 10

상속재산에 여러 필지의 토지와 그 지상 건물이 포함되어 있고, 일부 필지의 토지와 건물에만 시가로 볼 수 있는 감정가액의 평균액이 있는 경우, 그 감정가액의 평균액이 있는 필지의 토지와 건물의 감정가액을 시가로 보는 것임.

Q2. 건물은 1/2에 대해서만 감정평가를 받아도 문제가 없는가?

아니다. 부동산을 50% 지분으로 소유하고 있다면, 전체 자산에 대한 감정평가를 받은 후 지분별로 안분해서 평가해야 한다.

Q3. 비상장주식에 대한 감정가액은 인정되지 않는다. 그렇다면 이는 누가 평가하는가?

주식에 대해서는 납세자가 스스로 평가해야 한다. 다만, 납세자의 비상장주식 가액의 평가 및 평가의 적정성 여부 등에 대해서는 평가심의위원회를 통해 심의요청할 수 있다.

→ 여기에서 주의할 것은 부동산 과다보유법인의 부동산은 먼저 시가로 평가한 후에 주식평가를 해야 한다는 것이다. 이를 하지 않고 주식을 상속이나 증여한 경우 부동산은 국세청의 감정평가대상이 될 수 있기 때문이다. 이에 대한 자세한 내용은 8장 절세탐구 2에서 살펴봤다.

세목별로 필요한 감정평가 개수

감정평가는 수수료 등이 발생하므로 납세자의 관점에서는 최소한의 비용으로 최대한의 효과를 누리고 싶어 하는 것이 인지상정이다. 그렇다면 감정평가는 1개만 받아도 될까? 답은 1개만 있어도 되는 예도 있고, 2개 이상이 되는 예도 있다. 다음에서는 실무상 헷갈리기 쉬운 세법에서 요구하는 감정평가 개수를 알아보자.

1. 세목별 필요한 감정평가 개수

부동산 관련 세목별로 필요한 감정평가 개수를 먼저 표로 요약하면 다음과 같다. 상증법에서는 원칙적으로 2개 이상의 감정기관(단, 대통령령으로 정하는 금액 이하의 부동산의 경우에는 1개 이상의 감정기관)에 감정을 의뢰하도록 하고 있다. 참고로 2025년부터는 분양권의 공급가액이 10억 원 이하인 경우도 1개만 받을 수 있도록 했다. 기타 부동산이 아닌 경우(예 : 입주권)에는 무조건 2개 이상을 받아야 한다.

※ 세법상 필요한 감정평가 개수

구분	용도	개수
상증세*	시가평가	· 원칙 : 2개 이상 · 예외 : 1개 이상(기준시가 10억 원 이하)
양도세	부당행위계산 판단	상증법 준용
취득세	시가평가 및 부당행위 판단	· 원칙 : 2개 이상 · 예외 : 1개 이상(시가표준액 10억 원 이하)
부가세	일괄공급 안분기준	규정 없음(1개도 가능).
법인세/소득세	부당행위계산 판단	

* 상증세 사무처리규정 제72조 제2항에서는 감정평가 대상을 선정하기 위해 5개 이상의 감정평가법인에 의뢰해서 추정시가(최고값과 최소값을 제외한 가액의 평균값)를 산정할 수 있도록 하고 있다.

앞의 표를 보면 상증세와 양도세 그리고 취득세는 해당 재산의 기준시가나 시가표준액에 따라 필요한 개수에서 차이가 있다. 나머지 세목은 이에 관한 규정이 없다.

※ 상증, 기준-2023-법규재산-0160 [법규과-993], 2024. 04. 25

다수의 부동산에 대해 1개의 감정평가기관으로부터 감정평가 받은 경우 부동산 기준시가 10억 원 이하 여부 판단은 토지는 필지별로, 개별건물은 등기된 1개의 물건별로 판단하는 것임.

2. 적용 사례

사례를 통해 앞의 내용을 확인해보자.

Q1. 상속세와 증여세의 경우 감정가액의 개수는 몇 개가 필요한가?

해당 재산의 기준시가가 10억 원 이하는 1개, 초과는 2개 이상이 필요하다. 이를 부동산 종류별로 알아보면 다음과 같다.

구분	원칙	예외
부동산(주택, 상가, 토지 등)	2개 이상	기준시가 10억 원 이하는 1개 이상
분양권	2개 이상	공급가격 10억 원 이하는 1개 이상(2025년)
입주권	2개 이상	-
위 외(주식은 제외)	2개 이상	-

Q2. 가족 간에 감정평가를 받아 매매사례가액을 정하려고 한다. 이 경우 감정가액은 몇 개가 필요한가?

소득세법은 상증법상의 시가평가규정을 따라간다. 따라서 이 경우 1개 또는 2개 이상이 필요하다(소득세법 시행령 제167조 제5항).

Q3. 평가대상 세목이 취득세라고 하자. 이 경우 감정가액은 몇 개가 필요한가?

취득세는 증여세에서의 시가평가규정과 거의 흡사하다. 따라서 다음과 같은 기준에 따라 감정가액 개수를 정하고 있다.

- 시가표준액이 10억 원 이하인 경우 : 1개 이상
- 시가표준액이 10억 원 초과한 경우 : 2개 이상

Q4. 토지와 건물을 구분해 부가세를 과세하기 위해서 감정평가를 할 때 필요한 감정가액 개수는?

이 경우에는 1개 이상이면 족하다.

→ 이처럼 개수에 관한 규정이 있는 세목은 취득세, 상속세, 증여세 정도가 된다.

Q5. 대출 목적으로 받은 감정평가도 인정이 될까?

그렇다. 평가대상 재산을 담보로 제공하기 위해 감정한 때도 적정한 방법으로 평가한 감정가액이면 시가로 인정될 수 있다. 다만, 이에 해당하는지는 평가대상 재산의 위치 등 객관적 가치에 영향을 미치는 여러 요인을 감안해 적정하게 감정평가했는지 여부 등 구체적인 사실을 종합해서 관할세무서장이 사실 판단할 사항에 해당한다.

Tip 감정가액의 유효기간

감정평가는 세목별로 다음과 같은 기간 내에 행해져야 한다. 예를 들어 상속세의 경우 상속개시일 전후 6개월이므로 최장 1년 내에서 감정평가를 받아야 한다.

구분	감정평가 유효기간	비고
상증세	· 상속 : 상속개시일 전후 6개월 · 증여 : 증여일 전 6개월~후 3개월	감정가액 산정일과 보고서 작성일이 유효기간 내에 있어야 함.*
양도세	취득·양도 시기 전후 3개월	
취득세	취득일 전 6개월~후 3개월	
부가세	공급시기 전후 과세기간	
법인세/소득세	시기 없음.	

* 일부 심판례에 의하면 이를 벗어난 경우에도 감정가액을 인정하는 예도 있음. 다음에서 분석하고자 함.

소급감정가액
세법상 인정 여부

감정평가는 원칙적으로 세목별로 정해진 기간(이를 평가기간) 내에서 가격산정이 되어야 효력이 있다. 즉, 감정가액 산정 기준일과 감정평가서 작성일 2가지 모두가 해당 기간에 포함되어야 한다. 그래서 이 기간을 벗어나면 원칙적으로 효력이 없다. 하지만 이를 벗어났다고 해서 무조건 시가인 감정가액을 부인하는 것은 납세자로서는 매우 부당한 일이 된다. 하지만 소급감정가액 등을 원칙없이 인정하면 세무 행정이 원활하지 못하게 된다. 다음에서는 이러한 관점에서 소급감정가액에 대한 시가 인정 여부에 대해 알아보자.

1. 세목별 소급감정가액 인정 여부

먼저 세목별로 소급감정가액을 인정하는지부터 정리해보자. 참고로 유효한 감정은 평가기간 내에 가격산정일과 감정평가서가 작성되어야 하며, 신고와는 무관하다. 따라서 신고와 관계없이 미리 감정평가서를 구비해두면 향후 시가입증이 필요할 때 이 자료를 사용할 수 있다(단, 이 경우 국세청이 감정평가대상이 될 수 있다. 기재부-1487, 2024. 12. 31 참조).

구분	감정평가 유효기간	소급감정평가 인정 여부
상증세	· 상속 : 상속개시일 전후 6개월 · 증여 : 증여일 전 6개월~후 3개월	원칙적으로 인정하지 않음.
양도세	취득·양도 시기 전후 3개월	
취득세	취득일 전 6개월~후 3개월	
부가세	공급시기 전후 과세기간	
법인세/소득세	시기 없음.	관계없음.

표를 보면 감정가액이 과세표준에 직접 영향을 주는 세목인 상증세와 양도세에서 평가기간을 벗어나 소급해서 감정한 감정가액은 상증령 제49조 제1항 제2호에 따른 시가에 해당하지 않는 것을 원칙으로 하고 있다(취득세도 이를 인정하지 않는다).

➔ 국세청이나 조세심판원은 신고기한 경과 후 소급해서 감정한 가액을 시가로 인정하는 것은 법적 안정성을 해치고 조세 행정 집행상 혼란을 초래할 우려가 있다는 등의 이유로 일관되게 소급감정가액은 인정하지 않는다고 해석하고 있다(재산세과-171, 2011. 04. 01, 조심 2018부4001, 2018. 11. 19 등 참조). 다만, 대법원에서는 소급감정에 해당해도 객관적이고 합리적인 방법으로 평가한 가액에 해당하는 경우에는 시가로 본다고 판시(대법 2014두3204, 2014. 05. 29 등)한 바가 있다.*

* 대법원은 '상증법 제60조 제2항의 문언상 시가가 수용가격·공매가격 및 감정가격 등 대통령령이 정하는 바에 의하여 시가로 인정되는 것에 한정되는 것은 아니라고 할 것이므로 위 규정의 위임에 의한 시행령 제49조 제1항 각 호는 상속재산의 시가로 볼 수 있는 대표적인 경우를 예시한 것에 불과하며, 한편 시가란 원칙적으로 정상적인 거래 때문에 형성된 객관적 교환가치를 의미하지만, 이는 객관적이고 합리적인 방법으로 평가된 가액도 포함되는 개념이므로 공신력 있는 감정기관의 감정가액도 시가로 볼 수 있다. 따라서 소급감정가액이라도 상속개시 당시의 시가를 적정하게 반영하고 있으면 이를 시가로 인정한다'라고 판시했다.

2. 적용 사례

사례를 통해 앞의 내용을 확인해보자.

Q1. K 씨는 기준시가로 상속세를 신고했다. 그런데 관할 세무서에서 감정받은 가액으로 상속세를 추징하겠다고 한다. 납세자는 소급감정가액을 인정하지 않는데, 과세관청은 이를 인정하는 근거는 무엇인가?

2019년 2월 12일에 상속세 결정기한(신고기한 후 9개월) 내에 평가심의위원회에서 심의한 감정가액도 시가로 인정하는 제도가 도입되었기 때문이다.

Q2. L 씨는 5년 전에 상속받은 부동산을 신고하지 않았다. 이 부동산을 지금 양도하고자 하나 취득가액이 기준시가로 되어 양도차익이 많아질 것으로 예상한다. 이 경우 소급해서 감정평가를 하면 취득가액으로 인정받을 수 있는가?

실무적으로 보면 인정받기가 힘들어 보인다. 국세청과 조세심판원에서는 기계적으로 이를 인정하지 않기 때문이다.

→ 실무에서 보면 가장 쟁점이 많이 등장하는 대목이다. 과거 상속세나 증여세를 신고하지 않거나 기준시가로 신고한 상황에서 해당 부동산의 취득가액이 기준시가로 굳어지는 경우가 많기 때문이다.

Q3. Q2에서 소급감정가액이 인정되지 않으면 어떤 대책이 있는가?

일단 다음과 같이 조처할 필요가 있다.

- 매매사례가액이 있는지를 조사한다.
- 이 외에 수용이나 경매가액 등이 있는지를 조사한다.
- 이러한 가액이 없다면 다른 방안을 찾도록 한다.

Tip 국세청의 감정평가는 소급감정가액에 해당하지 않는가?

조사청이 감정평가법인에 쟁점토지의 감정을 의뢰하여 산정한 감정가액의 평균액으로서 가격산정 기준일과 감정가액평가서 작성일 모두 해당 건이 상속세 법정 결정기한 내에 있으므로 소급감정가액에 해당하지 않는다(조심 2023서6872, 2024. 06. 13).

➔ 원래 소급감정은 평가기간(평가기준일 후 6개월, 증여는 3개월) 후에 감정평가서를 작성하는 것을 말한다. 하지만 2019년 2월 12일 이후에는 상증세 결정기한(상속 9개월, 증여 6개월) 내에 과세관청이 감정평가를 받을 수 있도록 했으므로, 이 결정기한이 경과한 후에 감정평가서를 작성하면 소급감정에 해당할 것으로 보인다.

감정가액이 인정되지 않는 부실감정의 범위

감정평가는 납세자의 요청으로 감정평가사가 관련 법률에 따라 평가하는 업무에 해당한다. 따라서 납세자의 요청에 따라 감정가액이 흔들릴 여지가 없다고 할 수 없다. 이에 세법은 감정가액을 인위적으로 산정하는 경우에는 다양한 방법으로 이를 규제하고 있다. 다음에서 이에 대해 정리해보자.

1. 부적합한 감정가액의 시가 제외 및 저가 감정의 재감정

1) 감정가액의 시가 적용배제

다음에 해당하는 감정가액은 시가로 인정하지 않는다.

① 일정한 조건이 충족될 것을 전제로 당해 재산을 평가하는 등 상속세 및 증여세의 납부목적에 적합하지 아니한 감정가액*

* 농지가 개발될 것을 예상, 건물을 리모델링할 것으로 예상해서 감정평가를 하는 경우 등을 말한다.

② 평가기준일 현재 당해 재산의 원형대로 감정하지 아니한 경우의 해당 감정가액*

* 예를 들어 부동산의 일부 지분을 감정평가하여 전체 지분으로 환산한 가액은 당해 재산의 원형대로 감정하지 아니한 시가에 해당한다(기재부 재산세제과-474, 2023.03.09 등).

2) 납세자가 제시한 감정가액에 대한 재감정 의뢰

납세자가 제시한 감정가액이 다음의 요건을 충족하면 세무서장 등이 다른 감정기관에 의뢰해 감정한 가액에 의한다.

- 재감정의뢰 대상 기준금액
  - 납세자가 제시한 감정가액의 평균액 <Min[①보충적 평가액*, ② 유사사례가액의 90%]

  * 기준시가, 임대료 환산가액 등을 말한다.

→ 한편, 납세자가 국세청 평가심의위원회의 심의를 요청한 가액이 앞의 요건을 충족한 때도 동일하게 감정가액을 재의뢰한다.

3) 부실감정기관의 시가 인정 제한

납세자가 제시한 원 감정기관의 감정가액이 세무서장 등이 다른 감정기관에 의뢰해서 평가한 감정가액의 100분의 80에 미달하면, 원 감정기관이 평가하는 감정가액은 시가 인정의 제한을 받게 된다. 시가 불인정 감정기관으로 지정된 기간(1년) 내에서는 해당 시가 불인정 감정기관이 평가하는 감정가액은 시가로 보지 아니한다.

2. 적용 사례

사례를 통해 앞의 내용을 확인해보자.

자료

- 재산평가대상 : A 아파트
- A 아파트 기준시가 : 5억 원
- A 아파트 감정가액 : 7억 원
- 유사재산의 매매사례가액

구분	20×5. 3. 1	20×5. 3. 5	20×5. 3. 7	20×5. 3. 15	20×5. 3. 25
거래가액	8억 원	5억 원	7억 원	10억 원	6억 원

Q1. 사례의 경우 보충적 평가방법에 따른 재산평가액은 얼마인가?

보충적 평가방법은 일반적으로 기준시가가 되므로 이 경우 5억 원이 된다.

Q2. 사례의 경우 매매사례가액은 얼마인가?

자료상의 내용을 보면 5억 원~10억 원이 이에 해당한다. 따라서 이 중 세법에 맞는 사례가액을 찾아야 한다.

→ A 아파트의 매매사례가액은 A 아파트와 기준시가의 차이가 가장 작은 것이 이에 해당한다(국세청 홈택스의 상속·증여재산평가하기를 활용하면 손쉽게 찾을 수 있다).

Q3. 만일 매매사례가액이 10억 원으로 평가되었다면 해당 감정가액은 재감정의뢰대상이 될까?

감정가액 7억 원이 다음 중 작은 것보다 크기 때문에 재감정의뢰대상이 되지 않는다.

① 보충적 평가액=5억 원

② 유사사례가액의 90%=10억 원×90%=9억 원

Q4. 만일 매매사례가액이 5억 원으로 평가되었다면 해당 감정가액은 재감정의뢰대상이 될까?

감정가액 7억 원이 다음 중 작은 것보다 크기 때문에 재감정의뢰대상이 되지 않는다.

① 보충적 평가액=5억 원

② 유사사례가액의 90%=5억 원×90%=4억 5,000만 원

Q5. 앞의 Q3와 Q4를 통해 얻을 수 있는 교훈은?

감정가액은 적어도 기준시가 이상으로 받아야 문제가 없다.

→ 단, 다른 감정기관이 평가한 것에 비해 80% 미만으로 평가하면 이 경우에는 시가로 인정되지 않을 수 있다.

[Q] 돌발 퀴즈

사례의 경우 이론상 얼마 범위 내에서 감정평가가 되어야 과세관청의 간섭이 없을까? 단, 다른 평가기관은 8억 원으로 평가했다고 하자.

기준시가인 5억 원 이상이 되어야 하고, 다른 평가기관이 평가한 가액 8억 원의 80%인 6억 4,000만 원 이상이 되어야 한다. 따라서 사례의 경우 7억 원으로 평가한 것은 세법상 문제가 없다고 평가된다.

절세탐구 감정평가수수료와 세무처리법

감정평가수수료와 관련된 세법적 처리에 대해 다음과 같이 정리할 수 있다. 감정평가수수료는 다양한 세금계산에서 중요한 역할을 하며, 그 취급에 있어 여러 가지 세법상의 규정이 존재한다.

1. 취득세 과세표준 산입 여부

감정평가수수료는 취득세 과세표준에 포함되지 않는다. 취득세는 부동산의 취득 금액에 대해 부과되는데, 감정평가수수료는 부동산의 취득가액이 아니기 때문이다. 따라서 감정평가수수료는 취득세 과세표준을 산정할 때 제외된다.

2. 부가세 환급 여부

감정평가수수료에는 부가세가 포함될 수 있다. 감정평가업체가 부가세를 부과하는 경우, 이에 대한 부가세 환급 여부는 다음과 같다.

- 사업용 부동산 : 만약 감정평가가 사업용 부동산과 관련된 자산의 취득, 양도 등과 관련된 경우라면, 부가세 환급을 받을 수 있다.
- 비사업용 부동산 : 이에 대한 감정평가수수료에 부과된 부가세는 환급이 되지 않는다.

3. 양도세 필요경비 산입 여부

감정평가수수료는 일반적으로 양도세 필요경비에 해당하지 않는다.

※ 양도, 부동산거래관리과-274, 2011. 03. 24

열거한 비용이 아닌 감정평가비용은 소득세법 제97조에서 규정하는 양도차익을 계산할 때 양도가액에서 공제할 필요경비에 해당하지 않음.

4. 상속세 및 증여세 공제 여부

상속세 및 증여세 계산 시 재산평가를 위해 발생한 감정평가수수료는 상속세 또는 증여세 계산에 있어 각각 500만 원을 공제한다. 이때 감정평가는 상증세 납부목적용으로 평가를 받아야 한다(상증령 제20조의 3). 그리고 평가받은 금액으로 신고를 해야 공제가 적용된다.

※ 저자 주

상속이나 증여 등과 관련해서 탁상감정이나 정식감정 등이 필요한 경우에는 저자의 카페에서 활동하고 있는 전문가에게 의뢰할 수 있다. 이 외에 자산재평가에 따른 회계감사나 등기 등도 마찬가지다.

- 네이버 카페 : 신방수세무아카데미
- 관련 메뉴 : 부동산 전문서비스 의뢰/감정평가 의뢰 등

Tip 감정평가수수료 체계

감정가액	수수료 요율 체계		
	하한 수수료 (0.8배부터)	기준 수수료	상한 수수료 (1.2배까지)
5,000만 원 이하	200,000원		
5,000만 원 초과 5억 원 이하	200,000원+5,000만 원 초과액의 11/10,000×0.8	200,000원+5,000만 원 초과액의 11/10,000	200,000원+5,000만 원 초과액의 11/10,000×1.2
5억 원 초과 10억 원 이하	596,000+5억 원 초과액의 9/10,000 ×0.8	695,000+5억 원 초과액의 9/10,000	794,000+5억 원 초과액의 9/10,000 ×1.2
10억 원 초과 50억 원 이하	956,000+10억 원 초과액의 8/10,000 ×0.8	1,145,000+10억 원 초과액의 8/10,000	1,334,000+10억 원 초과액의 8/10,000 ×1.2
50억 원 초과 100억 원 이하	3,516,000+50억 원 초과액의 7/10,000 ×0.8	4,345,000+50억 원 초과액의 7/10,000	5,174,000+50억 원 초과액의 7/10,000 ×1.2
100억 원 초과 500억 원 이하	6,316,000+100억 원 초과액의 6/10,000 ×0.8	7,845,000+100억 원 초과액의 6/10,000	9,374,000+100억 원 초과액의 6/10,000 ×1.2
500억 원 초과 1,000억 원 이하	25,516,000+500억 원 초과액의 5/10,000×0.8	31,845,000+500억 원 초과액의 5/10,000	38,174,000+500억 원 초과액의 5/10,000×1.2
이하는 생략			

➔ 감정평가법인 등의 보수에 관한 기준 제5조에서는 수수료의 할증, 제6조에서는 수수료의 할인에 관해서 규정하고 있다. 예를 들어 전자의 경우 감정평가의뢰일로부터 6개월 이상 기준시점을 소급하는 감정평가 등은 50% 할증할 수 있으며, 후자의 경우 같은 의뢰인으로부터 3개월 이내에 같은 물건에 대해 감정평가를 하는 경우 최대 90%의 할인이 가능하다.

부록

부동산·입주권·분양권 재산평가법

부동산 등 종류별로 재산평가는 어떻게 하는지 정리해보자. 참고로 영업권이나 현물출자 등에 대한 평가는 저자의 《개인사업자를 유지할까 법인사업자로 전환할까》를 참조하기 바란다.

아파트

아파트 같은 공동주택은 다른 부동산과는 달리 시가가 폭넓게 존재한다. 하지만 당해 재산이나 유사한 재산에 대한 시가를 알 수 없는 경우에는 당연히 보충적 평가방법인 기준시가로 신고할 수 있다. 그런데 최근 세법이 강화되어 상속세나 증여세를 신고한 이후에도 매매사례가액 등이 발견되면 해당 금액으로도 과세할 수 있게 되었다. 이러한 부분에 유의해서 알아보자.

1. 당해 재산의 평가

당해 재산은 상속이나 증여의 대상이 되는 재산을 말한다. 이러한 재산에 대한 평가는 비교적 쉽게 확인될 수 있다.

1) 평가기간 내의 평가

평가기간 내에 당해 재산에 대한 매매사례가액이나 수용·공매·경매가격, 감정가액이 있는 경우에는 이 금액이 재산가액으로 평가된다.

2) 평가기간 밖의 평가

평가기간 밖의 기간 내에서 매매사례가액 등이 발견되면 이의 가액 등이 재산가액으로 인정될 수 있다. 물론 무조건 이를 인정하는 것이 아니라 과세관청에서 마련하고 있는 평가심의위원회의 심의를 거쳐야 한다.

2. 유사한 재산의 평가

앞의 규정에 따라 당해 재산에 대한 매매사례가액 등이 없다면 유사한 재산이 존재하는지를 보고, 있는 경우 그에 따라 가격을 산정하면 된다.

1) 유사한 재산의 범위

상증령 제49조 제4항에서는 유사한 재산의 범위를 시행규칙에서 정하도록 하고 있다. 이에 따라 정해진 상증칙 제15조 제3항을 다시 한번 보자.

> ③ 영 제49조 제4항에서 "기획재정부령으로 정하는 당해 재산과 면적·위치·용도·종목 및 기준시가가 동일하거나 유사한 다른 재산"이란 다음 각 호의 구분에 따른 재산을 말한다.
>
> 1. 부동산 가격공시에 관한 법률에 따른 공동주택가격이 있는 공동주택의 경우 : 다음 각 목의 요건을 모두 충족하는 주택. 다만, 해당 주택이 둘 이상인 경우에는 평가대상 주택과 공동주택가격 차이가 가장 작은 주택을 말한다.
>   가. 평가대상 주택과 동일한 공동주택단지(공동주택관리법에 따른 공동주택단지를 말한다) 내에 있을 것
>   나. 평가대상 주택과 주거전용면적의 차이가 평가대상 주택의 주거전용면적의 100분의 5 이내일 것
>   다. 평가대상 주택과 공동주택가격의 차이가 평가대상 주택의 공동주택가격의 100분의 5 이내일 것
> 2. 제1호 외의 재산의 경우 : 평가대상 재산과 면적·위치·용도·종목 및 기준시가가 동일하거나 유사한 다른 재산

예를 들어 아파트의 경우 평가대상인 아파트와 전용면적 및 기준시가의 차이가 모두 ±5% 이내에 있는 아파트가 유사한 재산에 해당한다.

2) 유사한 재산에 대한 평가

유사한 재산에 대해서는 앞의 당해 재산에 대한 평가와 같은 원리로 평가하게 된다. 참고로 유사재산에 대한 평가기간은 상속의 경우 상속개시일 전 6개월부터 평가기간 내 신고일로 한다. 앞의 당해 재산에 비해 평가기간이 짧다.

➔ 2025년부터 모든 부동산(주택, 비주거용 부동산, 토지, 부동산 과다보유법인의 부동산)에 대해 국세청이 감정평가사업을 할 수 있게 상증세 사무처리규정이 개정되었음에 유의하기 바란다. 따라서 고가의 아파트를 포함한 단독주택 등을 보충적 평가방법에 따라 상속세 등을 신고하면 이 제도가 적용될 수 있다.

단독주택, 상가주택

단독주택 또는 상가주택 등은 앞의 아파트와는 달리 유사한 재산이 없는 경우가 일반적이다. 따라서 아파트보다는 시가를 정하는 방법이 단순하다. 매매사례가액 등이 없을 가능성이 크기 때문이다. 이러한 점에 주의해서 다음의 내용을 살펴보자.

1. 평가기간 내 평가

1) 시가

① 평가기간 내에서 당해 재산에 대해 매매 등이 있는 경우에는 이 금액이 시가에 해당한다.

② 단독주택 등은 유사한 재산을 찾기가 상당히 힘들다. 따라서 대부분 이들에 대해서는 유사한 재산에 대한 매매사례가액 등으로 과세되는 경우는 드물다고 할 수 있다.

2) 보충적 평가방법

앞의 시가가 없는 경우에는 보충적 평가방법으로 평가를 할 수밖에 없다. 이 경우 과세관청의 감정평가 대상이 될 수 있다.

2. 평가기간 밖 평가

평가기준일 전 2년부터 상속세 또는 증여세 신고기한으로부터 결정기한(9개월, 6개월) 내에 당해 재산이나 유사한 재산에 대한 매매 등이 있는 경우 그 가격으로 재산이 평가될 수 있다.

※ 저자 주

2025년부터 국세청의 감정평가사업 대상에 아파트는 물론이고 단독주택이나 상가주택 등 모든 주택이 포함되었으므로 상속세 등을 신고할 때 이 점에 유의해야 한다. 물론 주택 중 시가와 기준시가의 차이가 5억 원 이상인 고가의 주택에 대해 이 제도가 적용될 것으로 보인다. 따라서 다음과 같은 방식으로 평가를 해야 할 것으로 보인다.

- 아파트 : 유사재산에 대한 기준시가 및 매매사례가액 확인→평가기간 내외 매매사례가액이 있는 경우에는 감정평가를 받아 신고하는 쪽으로 업무 진행, 매매사례가액이 없는 경우에는 기준시가 신고도 가능하나, 고가의 아파트는 국세청에서 감정평가를 할 수 있으므로 이 점에 유의
- 단독주택 : 기준시가 확인→고가의 주택에 해당하는 경우에는 감정평가를 받은 후 기준시가로 신고할 것인지 감정평가를 받아 신고할 것인지 또는 감정평가를 받기만 하고 기준시가로 신고할 것인지 등을 결정
- 상가주택 : 앞의 단독주택과 같은 방식으로 업무 추진

토지
(농지, 나대지 등)

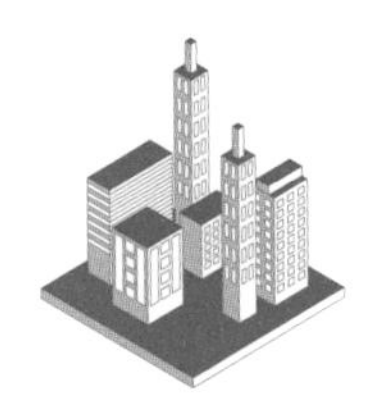

토지는 아파트처럼 규격 등이 정형화되지 않고, 용도도 천차만별이며, 위치에 따라 가격 차이 등이 나기 때문에 재산평가를 신중히 해야 사후적으로 문제가 없다. 잘못 판단하면 예기치 못한 추징문제가 도사리고 있기 때문이다. 다음에서 이에 대해 정리를 해보자.

1. 평가기간 내

1) 시가

① 당해 재산

평가기간 내에서 당해 재산에 대해 매매 등이 있는 경우에는 이 금액이 시가에 해당한다.

② 유사한 재산

평가기간 내에서 해당 토지와 유사한 재산의 매매 등이 있는 경우 그에 해당하는 가격이 시가가 된다. 그렇다면 해당 토지와 유사한 재산은 어떤 것을 의미할까? 이에 상증칙 제15조 제3항 제2호에서는 공동주택 외의 재산은 평가대상 재산과 면적·위치·용도·종목 및 기준시가가 동일하거나 유사한 다른 재산을 유사한 재산으로 정의하고 있다. 그렇다면 토지는 어떤 경우가 이에 해당할까? 주요 평가요소를 가지고 살펴보자.

- 면적→토지에 있어서 면적은 큰 변수는 아니다.
- 위치→토지에 있어 위치는 상당히 중요한 변수가 된다. 위치에 따라 가치가 달라지기 때문이다. 맹지의 경우에는 가치가 떨어진다.
- 용도→용도에 따라서 가격 차이가 날 수 있으므로 중요한 요소가 된다.
- 기준시가→기준시가는 상당히 중요한 역할을 한다. 기준시가가 동일하거나 유사하다면 이를 우선해서 평가할 가능성이 크다.

2) 보충적 평가방법

앞의 시가가 없는 경우에는 보충적 평가방법으로 평가를 할 수밖에 없다. 여기서 보충적 평가방법은 토지의 경우 개별공시지가를 말한다. 참고로 토지의 가액이 큰 경우에는 과세관청의 감정평가사업의 대상이 될 수 있다.

2. 평가기간 밖

평가기준일 전 2년부터 상속세 또는 증여세 신고기한으로부터 결정기한(9개월, 6개월) 내에 당해 재산이나 유사한 재산에 대한 매매 등이 있는 경우 그 가격으로 재산이 평가될 수 있다. 이 경우 유사한 재산은 큰 문제는 없지만, 당해 재산이 매매 등이 되면 문제 소지가 있을 수 있다.

➔ 토지 감정가액이 시세보다 높게 평가된 경우의 조치방법은 9장을 참조하기 바란다. 이 외 상업용 건물, 단독주택, 상가주택 등도 마찬가지다.

상업용 건물

상업용 건물, 오피스텔 같은 비주거용 건물은 시가가 존재하기가 힘들다. 따라서 별도의 평가 기준이 필요하다. 그런데 이러한 별도의 기준에 따라 평가를 하면 대부분 정부에서 정한 기준시가로 과세되는 경우가 많았다. 이에 정부는 최근 세법을 개정해서 이러한 건물 등에 대해 기준시가로 신고하면 평가심의위원회의 심의를 거친 감정가액 등을 시가로 볼 수 있도록 했다. 다음에서 이에 대해 자세히 알아보자.

1. 건물 등의 재산평가방법

건물 등도 아파트처럼 시가평가를 원칙으로 한다. 따라서 평가기간 내에 시가가 존재하면 이를 기준으로 평가를 해야 한다.

2. 건물 등에 대한 보충적 평가방법

건물 등에 대한 시가가 없는 경우에는 보충적 평가방법을 적용해야 한다. 상증법 제61조 제5항에서는 다음과 같이 평가방법을 규정하고 있다.

> ⑤ 사실상 임대차계약이 체결되거나 임차권이 등기된 재산의 경우에는 임대료 등을 기준으로 하여 대통령령으로 정하는 바에 따라 평가한 가액과 제1항부터 제4항까지의 규정에 따라 평가한 가액 중 큰 금액을 그 재산의 가액으로 한다.

한편, 위의 제5항 본문의 대통령령은 다음 상증령 제50조 제7항을 말한다.

> ⑦ 법 제61조 제5항에서 "대통령령으로 정하는 바에 따라 평가한 가액"이란 다음 계산식에 따라 계산한 금액(임대료 등의 환산가액)을 말한다.
>
> • (1년간의 임대료÷12%)+임대보증금

따라서 건물 등에 대한 평가는 다음과 같이 하는 것이 원칙이다.

Max(시가, 기준시가, 환산가액)

사례

다음 자료를 보고 상증법상 평가액을 계산하면?

자료

• 상가의 기준시가 : 10억 원
• 임대보증금 : 1억 원, 월 임대료 500만 원(연간 6,000만 원)

기준시가와 임대료 등의 환산가액 중 큰 금액으로 한다. 임대료 등의 환산가액은 '보증금 1억 원+6,000만 원/12%'로 계산하면 6억 원이 나온다. 따라서 둘 중 큰 금액인 10억 원이 상증법상 평가액이 된다.

➔ 상업용 건물을 위와 같이 보충적 평가방법(기준시가 또는 임대료 환산가액)으로 신고 시 국세청의 감정평가사업 대상이 된다. 이에 대해서는 앞에서 많이 언급했다.

※ 저당권 등이 설정된 재산의 평가 특례

상증법 제66조에서는 저당권 등이 설정된 재산의 평가에 대해서 다음과 같이 특례제도를 두고 있다. 참고로 이 제도도 보충적 평가방법에 해당한다.

다음 각 호의 어느 하나에 해당하는 재산은 제60조에도 불구하고 그 재산이 담보하는 채권액 등을 기준으로 대통령령으로 정하는 바에 따라 평가한 가액과 제60조에 따라 평가한 가액 중 큰 금액을 그 재산의 가액으로 한다.

1. 저당권, 동산·채권 등의 담보에 관한 법률에 따른 담보권 또는 질권이 설정된 재산
2. 양도담보 재산
3. 전세권이 등기된 재산(임대보증금을 받고 임대한 재산을 포함한다)
4. 신탁계약을 체결한 재산

즉, 앞의 항목들은 당해 재산이 담보하는 채권액과 상증법 제60조에 따라 평가한 금액 중 큰 금액으로 평가한다. 이를 요약하면 다음과 같다.

Max(시가, 담보채권액, 기준시가, 환산가액)

예를 들어 담보채권액이 1억 원, 기준시가가 5,000만 원, 임대보증금 환산가액이 7,000만 원이라면 1억 원으로 평가된다는 것이다.

분양권
또는 입주권

분양권이나 입주권은 불입금액이나 취득가액이 있는 것이 보통이다. 따라서 이를 기준으로 재산평가를 하면 문제가 없다. 하지만 어떤 경우에는 프리미엄이 상당해서 이를 포함시킬 것인지 아닌지가 중요하다. 다음에서는 이에 대한 평가를 해보자.

1. 시가평가방법

분양권이나 입주권도 앞의 아파트와 같이 시가평가를 원칙으로 한다. 따라서 평가기간 내와 밖에 시가가 존재하면 이를 기준으로 평가를 해야 한다. 단, 분양권과 입주권에 대한 시가평가방법에서 일부 차이가 있으므로 이에 유의해야 한다. 즉, 분양권을 자발적으로 감정평가 받으면 2025년부터 분양권 공급가액이 10억 원 이하는 1개(초과는 2개)가 필요하지만, 입주권은 금액을 불문하고 2개가 필요하다. 한편, 분양권과 입주권을 보충적 평가방법으로 상속세나 증여세를 신고한 후에는 매매사례가액에 대해서는 평가심의위원회의 심의대상이 되나, 국세청이 받은 감정가액은 심의대상에서 제외하고 있다. 심의대상인 국세청 감정가액은 부동산(주택, 비거주용 부동산, 토지)을 대상으로 하고 있기 때문이다. 이에 대해 궁금한 사항이 있다면 저자의 카페로 문의하기 바란다.

※ 분양권과 입주권 시가평가방법

구분	분양권·입주권	비고
평가기간 내	매매사례가액, 감정가액 등	감정개수 · 분양권 : 10억 원 이하 1, 초과 2개 이상(2025년) · 입주권 : 2개 이상
평가기간일 전~2년(평가기간 제외)	평가심의위원회 심의(매매사례가액, 감정가액 등)	
평가기간 후~결정기한	평가심의위원회 심의(매매사례가액, 감정가액 등)	분양권과 입주권은 국세청 감정평가사업의 대상에서 제외됨.

2. 보충적 평가방법

분양권이나 입주권에 대해 시가가 없는 경우에는 보충적 평가방법을 적용해야 한다. 상증법 제61조 제3항에서는 다음과 같이 평가방법을 규정하고 있다.

③ 지상권(地上權) 및 부동산을 취득할 수 있는 권리와 특정 시설물을 이용할 수 있는 권리는 그 권리 등이 남은 기간, 성질, 내용, 거래상황 등을 고려하여 대통령령으로 정하는 방법으로 평가한 가액으로 한다.

그리고 위의 대통령령의 정하는 방법은 상증령 제51조에서 다음과 같이 규정하고 있다.

② 법 제61조 제3항에 따른 부동산을 취득할 수 있는 권리의 가액은 평가기준일까지 납입한 금액(조합원입주권의 경우 관리처분계획을 기준으로 하여 기획재정부령으로 정하는 조합원권리가액과 평가기준일까지 납입한 계약금, 중도금 등을 합한 금액으로 한다)과 평가기준일 현재의 프리미엄에 상당하는 금액을 합한 금액으로 한다.

이 규정을 보면 다음과 같이 평가를 한다.

- 분양권→평가기준일까지 납입한 금액+프리미엄
- 입주권→조합원 권리가액+평가기준일까지 납입한 금액+프리미엄

신방수 세무사의

부동산 **감정평가 세무** 가이드북

제1판 1쇄 2025년 3월 10일

지은이 신방수
펴낸이 한성주
펴낸곳 ㈜두드림미디어
책임편집 신슬기
디자인 김진나(nah1052@naver.com)

㈜두드림미디어
등 록 2015년 3월 25일(제2022-000009호)
주 소 서울시 강서구 공항대로 219, 620호, 621호
전 화 02)333-3577
팩 스 02)6455-3477
이메일 dodreamedia@naver.com(원고 투고 및 출판 관련 문의)
카 페 https://cafe.naver.com/dodreamedia

ISBN 979-11-94223-49-8 (03320)

책 내용에 관한 궁금증은 표지 앞날개에 있는 저자의 이메일이나 저자의 각종 SNS 연락처로 문의해주시길 바랍니다.